일본어 가나쓰기가 너무 너무 쉬워지는
씨앤톡 일본어 펜맨십

초판 1쇄 발행 | 2006년 12월 14일
초판 7쇄 발행 | 2016년 02월 20일
편저 | 유은경, 우치야마 마유미
발행 | 이진곤
발행처 | 씨앤톡 See&Talk
등록일자 | 2003년 5월 22일 **등록번호** | 제 313-2003-0 0192호
ISBN | 978-89-90763-96-9 03730
주소 | 서울특별시 서대문구 연희로5길 82 2층
전화 | 02-338-0092 **팩스** | 02-338-0097
표지디자인 | 원앤원디자인 011-9734-3578
ⓒ2006, 씨앤톡 See&Talk

본 책은 저작권법에 의해 보호를 받는 저작물이므로 무단 전재와 복제를 금합니다.

가나쓰기가 너무 너무 쉬워지는

일본어 펜맨십

일본어 가나쓰기 노트

머리말

세계화 속에 사는 현대인들에게
한, 두개의 다른 나라의 언어를 배운다는 것은
어쩌면 당연한 일인지도 모르겠습니다.

다른 나라의 언어를 배운다는 건,
꼭 취업과 시험에 대비하기 위해서라기보다는
지구촌 1일 생활권에 사는 우리들에게
자기에게 주어진 시간을
좀 더 폭넓고 유익하게 활용하는
하나의 방법이 될 수 있다고 생각합니다.

그런 의미에서 이 책은 다른 나라의 언어인 일본어의 문자를
쉽고 재미있고 자연스럽게 익힐 수 있게 만드는데
중점을 두었습니다.
억지로 써서 외우는 방법보다는
연상훈련을 통한 학습법과
재미있는 문제를 풀어나가면서 저절로 깨달아가는
'자연스럽게 익히는 언어학습법'으로 고안하는데
역점을 둔 책이라고
감히 말할 수 있습니다.

다른 나라의 문자를 익힌다는 것이
생각보단 쉽지 않을 수도 있으나,
아는 만큼 자신이 세계화의 중심에 설 수 있는
주인공이 될 수 있다는 희망을 가지고
용기 있게 도전하시길 바랍니다.

이 책은 초보자도 혼자서 재미있게 ひらがな와 カタカナ를 습득할 수 있도록 고안된 책 입니다. 제공되는 mp3 파일을 통해 발음을 따라하면서 일본어의 정확한 발음도 함께 공부하십시오.

○ 바른 일본어 쓰기 순서를 익혀야 합니다. 반드시 순서에 맞춰 연습하세요. 영어 표기법도 같이 공부해 두면 탁음 발음이나 요음 발음 시 발음 차이를 이해할 수 있고 컴퓨터 등에서 일본어를 입력 할 때도 많은 도움이 됩니다.

○ 한 행이 끝날 때마다 확인 학습 문제가 준비되어 있으니 꼭 문제를 풀어보면서 한 행 한 행 마무리를 해 주십시오.

○ 비슷한 모양으로 틀리기 쉬운 글자들은 서로 비교하며 써보는 연습을 통해 정확한 발음과 표기법을 익혀주십시오.

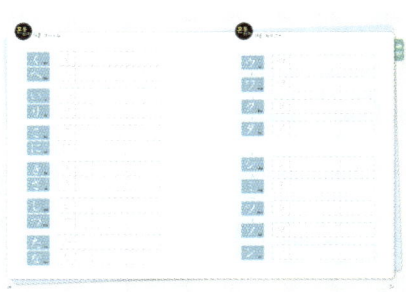

○ 히라가나와 가타카나를 함께 써 보면서 일본어 50음도를 확실하게 이해하십시오. 일본어에서는 히라가나는 물론 가타카나도 많이 쓰이므로 꼭 함께 암기해 두어야 합니다.

히라가나

일본어의 기본 글자예요.

	あ단	か단	さ단	た단	な단
あ段	あ [a] — あい 사랑	か [ka] — かお 얼굴	さ [sa] — さくら 벚꽃	た [ta] — たこ 문어	な [na] — なす 가지
い段	い [i] — いす 의자	き [ki] — かき 감	し [shi] — しか 사슴	ち [chi] — くち 입	に [ni] — かに 게
う段	う [u] — うし 소	く [ku] — きく 국화	す [su] — すいか 수박	つ [tsu] — つき 달	ぬ [nu] — いぬ 개
え段	え [e] — いえ 집	け [ke] — いけ 연못	せ [se] — せかい 세계	て [te] — て 손	ね [ne] — ねこ 고양이
お段	お [o] — あお 파랑	こ [ko] — こえ 목소리	そ [so] — そと 밖	と [to] — いと 실	の [no] — つの 뿔

※ 특히 발음에서 끝의 모음([a], [i], [u], [e], [o])이 같은 것으로 끝난 글자들 '단'에 신경 쓰면서 외워 보세요.

は [ha]	ま [ma]	や [ya]	ら [ra]	わ [wa]	'아'단
はち 벌	くま 곰	やま 산	らくだ 낙타	わたし 나	
ひ [hi]	み [mi]		り [ri]		'이'단
ひ 불	みみ 귀		となり 이웃		
ふ [hu]	む [mu]	ゆ [yu]	る [ru]		'우'단
ふく 옷	むし 벌레	ゆみ 활	くるま 차		
へ [he]	め [me]		れ [re]	を [wo]	'에'단
へそ 배꼽	め 눈		すみれ 제비꽃	ほしをみる 별을 보다	
ほ [ho]	も [mo]	よ [yo]	ろ [ro]	ん [n]	'오'단
ほし 별	もも 복숭아	ひよこ 병아리	ふろ 목욕탕	ほん 책	

가타카나

'히라가나'는 일반적인 말에, '가타카나'는 주로 외래어에 써요.

	ア [a]	カ [ka]	サ [sa]	タ [ta]	ナ [na]
あ段	アイロン 다리미	カメラ 카메라	サーカス 서커스	タオル 수건	ナイフ 나이프, 칼
	イ [i]	キ [ki]	シ [shi]	チ [chi]	ニ [ni]
い段	イルカ 돌고래	キウイ 키위	シーソー 시소	チーズ 치즈	テニス 테니스
	ウ [u]	ク [ku]	ス [su]	ツ [tsu]	ヌ [nu]
う段	ウイスキー 위스키	ミルク 우유	スカート 스커트	ツアー 단체 여행	カヌー 카누
	エ [e]	ケ [ke]	セ [se]	テ [te]	ネ [ne]
え段	エアコン 에어컨	ケーキ 케이크	セーター 스웨터	テスト 테스트, 시험	ネクタイ 넥타이
	オ [o]	コ [ko]	ソ [so]	ト [to]	ノ [no]
お段	オムレツ 오믈렛	コーヒー 커피	ソウル 서울	トマト 토마토	ノート 노트

표의 빈칸에도 옛날에는 글자가 있었는데, 지금은 쓰지 않는 글자가 되었습니다.

ハ [ha]	マ [ma]	ヤ [ya]	ラ [ra]	ワ [wa]	'아'단
ハート 하트	マウス 마우스	ヤクルト 야쿠르트	ラジオ 라디오	ワイン 와인	
ヒ [hi]	ミ [mi]		リ [ri]		'이'단
ヒーター 히터	ミシン 재봉틀		リボン 리본		
フ [hu]	ム [mu]	ユ [yu]	ル [ru]		'우'단
フルーツ 과일	ハム 햄	ユニホーム 유니폼	ルーム 방		
ヘ [he]	メ [me]		レ [re]	ヲ [wo]	'에'단
ヘア 헤어 스타일	メロン 메론		レモン 레몬	해당 단어 없음	
ホ [ho]	モ [mo]	ヨ [yo]	ロ [ro]	ン [n]	'오'단
ホテル 호텔	モニター 모니터	クレヨン 크레파스	ローズ 장미	パン 빵	

차례

머리말	4
ひらがな 50음도	6
カタカナ 50음도	8
ひらがな 청음	12
정리하고 한고비 넘기 1	22
정리하고 한고비 넘기 2	34
혼동하기 쉬운 ひらがな	36
ひらがな 탁음	38
ひらがな 반탁음	42
ひらがな 요음	44
ひらがな 촉음	50
ひらがな 발음	52
ひらがな 장음	54
カタカナ청음	57
정리하고 한고비 넘기 3	68
정리하고 한고비 넘기 4	80
혼동하기 쉬운カタカナ	82
カタカナ 탁음	86
カタカナ 반탁음	90
カタカナ 요음	92
カタカナ 촉음	98
カタカナ 발음	100
ひらがな / カタカナ 함께 써보기	103
정답확인	125
한 번에 써보기	135

ひらがな
히라가나

 あ行

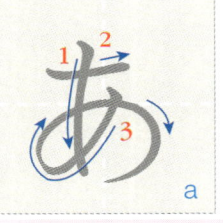

あい 사랑

우리 말의 「아」와 같음.

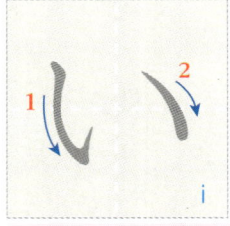

いす 의자

우리 말의 「이」와 같음.

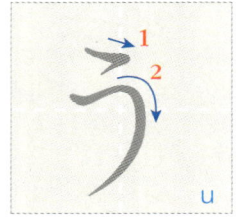

うし 소

우리 말의 「우」와 같음.

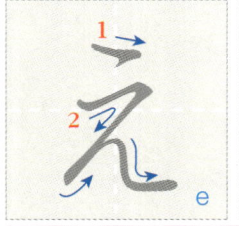

いえ 집

우리 말의 「에」와 같음.

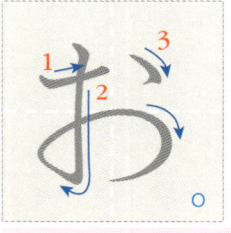

あお 파랑

우리 말의 「오」와 같음.

① ひらがな "あ行" 의 글자를 찾아 ○표 해보세요.

あ か き ま め て さ こ え あ な に た お ち
け ら は あ る む ち ま さ た み せ く つ み
と そ こ し い ろ あ れ へ り す あ つ さ て
み る け り と も う て な か ひ と り の る

② ひらがな를 써보세요.

① u ☐　② a ☐　③ o ☐

④  ☐ ☐　⑤  ☐ ☐

③ 다음 발음에 맞는 글자를 연결해 보세요.

① 아　·　　　　　·　い
② 이　·　　　　　·　あ
③ 우　·　　　　　·　お
④ 에　·　　　　　·　え
⑤ 오　·　　　　　·　う

 か行

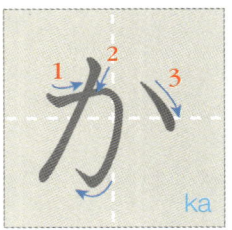

かお 얼굴
ka o

말 첫머리에서는 「가」와 「카」 중간 발음, 말 중간이나 끝에서는 「까」에 가깝게 발음.

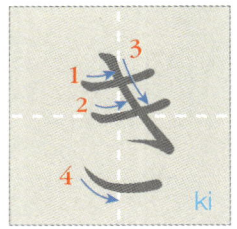

かき 감
ka ki

말 첫머리에서는 「기」와 「키」 중간 발음, 말 중간이나 끝에서는 「끼」에 가깝게 발음.

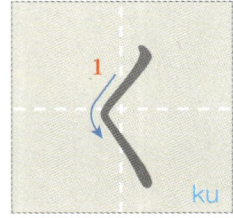

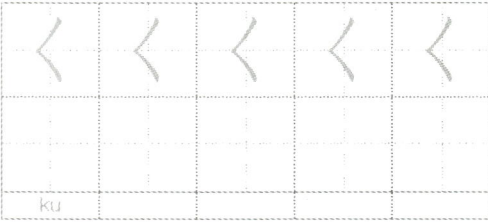

きく 국화
ki ku

말 첫머리에서는 「구」와 「쿠」 중간 발음, 말 중간이나 끝에서는 「꾸」에 가깝게 발음.

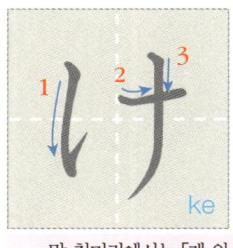

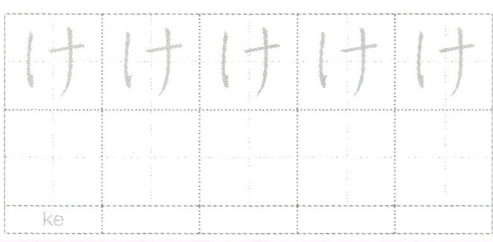

いけ 연못
i ke

말 첫머리에서는 「게」와 「케」 중간 발음, 말 중간이나 끝에서는 「께」에 가깝게 발음.

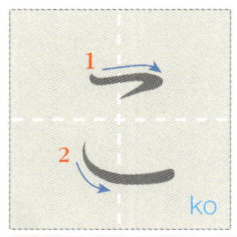

こえ 목소리
ko e

말 첫머리에서는 「고」와 「코」 중간 발음, 말 중간이나 끝에서는 「꼬」에 가깝게 발음.

① ひらがな "か行"의 글자를 찾아 ○표 해보세요.

あ ら う き ち く し い か ち う け く ち ぬ
し た め お け え た こ と つ え く お し な
て う え き そ し み せ お か は め ひ か ら
く す あ お あ こ た き そ ま う こ た は ひ

② ひらがな를 써보세요.

① ki ☐　　② ke ☐　　③ ka ☐

④ 　　⑤

③ 다음 발음에 맞는 글자를 연결해 보세요.

① 키　•　　　　　•　か
② 코　•　　　　　•　く
③ 카　•　　　　　•　け
④ 쿠　•　　　　　•　き
⑤ 케　•　　　　　•　こ

15

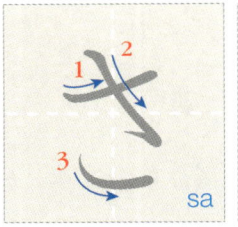

さくら 벚꽃
sa ku ra

우리 말의 「사」와 같음.

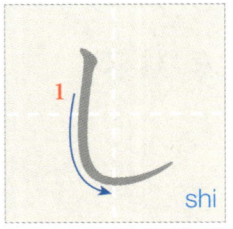

しか 사슴
shi ka

우리 말의 「시」와 같음.

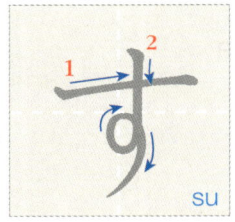

すいか 수박
su i ka

우리 말의 「스」와 같음. 「수」가 아니고 「스」임에 주의할 것.

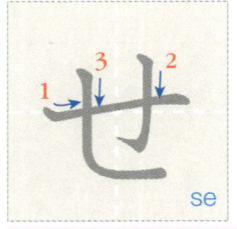
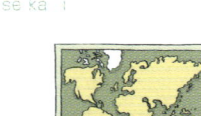
せかい 세계
se ka i
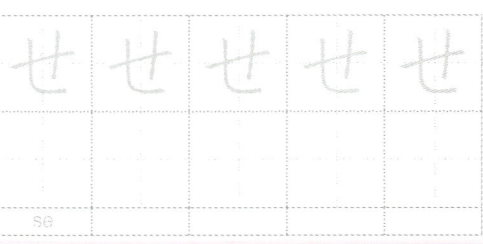

우리 말의 「세」와 같음.

そと 밖
so to

우리 말의 「소」와 같음.

① ひらがな "さ行"의 글자를 찾아 ○표 해보세요.

し く さ お あ く あ え せ つ お て う そ え
か い け う い た し い く す う こ け ち う
え あ す こ そ け か き こ き い あ さ ら み
き て せ か き お せ く け お ち た は め ふ

② ひらがなを 써보세요.

① so ☐　　② sa ☐　　③ se ☐

④  ☐ ☐ ☐　　⑤ 🦌 ☐ ☐

③ 다음 발음에 맞는 글자를 연결해 보세요.

① 시 •　　　　　　　• し
② 스 •　　　　　　　• そ
③ 사 •　　　　　　　• さ
④ 세 •　　　　　　　• す
⑤ 소 •　　　　　　　• せ

 た行

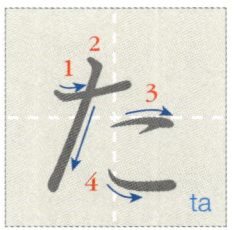

たこ 문어
ta ko

▶ 말 첫머리에서는 「다」와 「타」 중간 발음, 말 중간이나 끝에서는 「따」에 가깝게 발음.

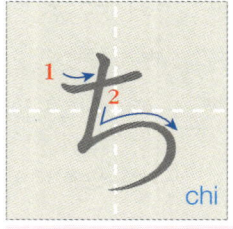

くち 입
ku chi

▶ 말 첫머리에서는 「지」와 「치」 중간 발음, 말 중간이나 끝에서는 「찌」에 가깝게 발음.

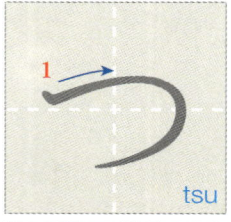

つき 달
tsu ki

▶ 우리 말의 「츠」와 「쓰」 중간 발음.

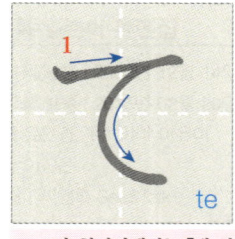

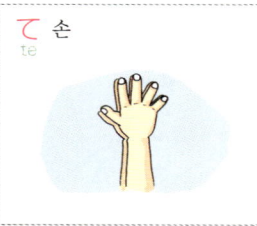
て 손
te

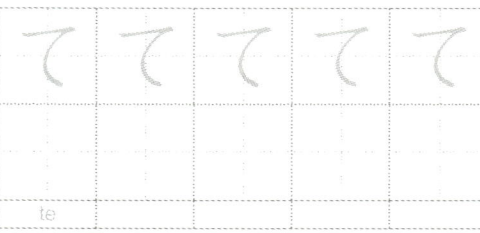

▶ 말 첫머리에서는 「데」와 「테」 중간 발음, 말 중간이나 끝에서는 「떼」에 가깝게 발음.

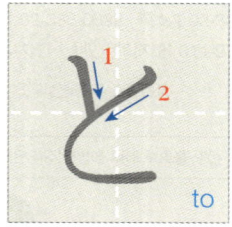

いと 실
i to

▶ 말 첫머리에서는 「도」와 「토」 중간 발음, 말 중간이나 끝에서는 「또」에 가깝게 발음.

1

ひらがな "た行"의 글자를 찾아 ○표 해보세요.

たせきあえくつすいまとへみちこ
さしこたさちけきうそこちあせは
すつけかてえうとかくおさいきし
あせてそくおさいきとそえひさり

2

ひらがな를 써보세요.

① ta [ ]　② tsu [ ]　③ to [ ]

④ [ ]　⑤ [ ][ ]

3

다음 발음에 맞는 글자를 연결해 보세요.

① 타　・　　　　　・ と
② 츠　・　　　　　・ ち
③ 치　・　　　　　・ つ
④ 테　・　　　　　・ て
⑤ 토　・　　　　　・ た

 行

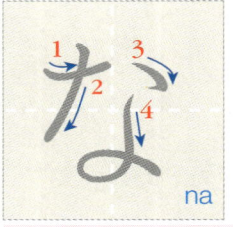

なす 가지
na su

우리 말의 「나」와 같음.

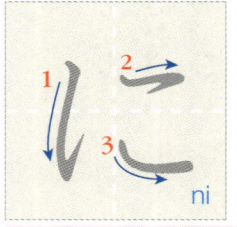

かに 게
ka ni

우리 말의 「니」와 같음.

いぬ 개
i nu

우리 말의 「누」와 같음.

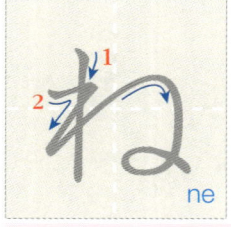

ねこ 고양이
ne ko

우리 말의 「네」와 같음.

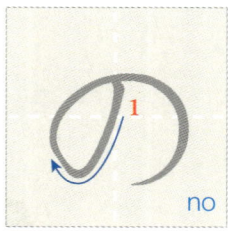

つの 뿔
tsu no

우리 말의 「노」와 같음.

① ひらがな "な行"의 글자를 찾아 ○표 해보세요.

なたのにあかなしはみえこちさあ
しきくえせとすさしえらはめほち
えにおつさいけらちぬうめねてか
ぬこのねたあけきそこのふしかさ

② ひらがな를 써보세요.

① ne ☐　　② nu ☐　　③ no ☐

④  ☐☐　　　⑤  ☐☐

③ 다음 발음에 맞는 글자를 연결해 보세요.

① 나 •　　　　　• に
② 누 •　　　　　• な
③ 네 •　　　　　• ぬ
④ 노 •　　　　　• の
⑤ 니 •　　　　　• ね

정리하고 한고비 넘기 1

1 다음 발음에 맞는 글자를 연결해 보세요.

① 니 •　　　　　　　　• お
② 스 •　　　　　　　　• に
③ 오 •　　　　　　　　• き
④ 타 •　　　　　　　　• た
⑤ 키 •　　　　　　　　• す

2 □에 들어갈 알맞은 ひらがな를 써 보세요.

あ行			う		
か行	か				
さ行				せ	
た行					と
な行		に			

3 발음이 맞는 것을 골라 ○표 해보세요.

- そと (toso, soto)
- こえ (ie, koe)
- ねこ (kone, neko)
- しか (sika, suka)
- かに (ani, kani)
- つき (uki, tsuki)

4 그림을 보고 단어를 ひらがな로 써보세요.

① 🍉 ☐☐☐　② 🐙 ☐☐

③ 👨 ☐☐　④ 🌊 ☐☐

⑤ 🏠 ☐☐　⑥ 🦀 ☐☐

5 발음을 로마자로 써 보세요.

- あ（　）
- し（　）
- て（　）
- そ（　）

- く（　）
- た（　）
- す（　）
- の（　）

6 た行의 글자를 찾아 ○표 해보세요.

せ あ く ね す い ち さ と か う せ と に へ
つ て そ た し つ き く ぬ お に き た す は
な い け う に か え あ た ち こ さ の て ま
か ま ほ え か お な つ と に し そ め ら ね

 は行

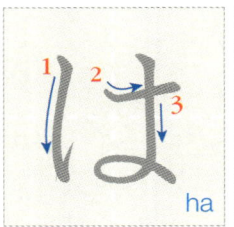
ha

はち 벌
ha chi

は	は	は	は	は
ha				

우리 말의 「하」와 같음. ※조사로 쓰일 때는 「와(wa)」로 발음.

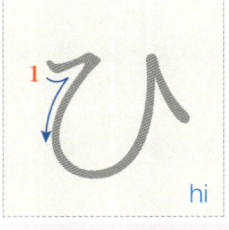
hi

ひ 불
hi

ひ	ひ	ひ	ひ	ひ
hi				

우리 말의 「히」와 같음.

hu

ふく 옷
fu ku

ふ	ふ	ふ	ふ	ふ
hu				

우리 말의 「후」와 「흐」의 중간 발음.

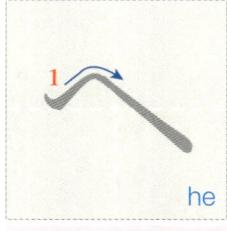
he

へそ 배꼽
he so

へ	へ	へ	へ	へ
he				

우리 말의 「헤」와 같음. ※조사로 쓰일 때는 「에(e)」로 발음.

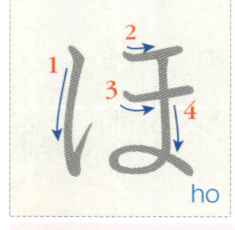
ho

ほし 별
ho shi

ほ	ほ	ほ	ほ	ほ
ho				

우리 말의 「호」와 같음.

① ひらがな "は行"의 글자를 찾아 ○표 해보세요.

ね え て ふ そ さ う く ひ く け ほ さ そ と
つ へ は こ あ な ふ た せ し い お に へ か
い す は ひ さ せ ち ぬ き ほ の し く け き
さ そ と す た か み ち あ は な み ね く さ

② ひらがな를 써보세요.

① hu ☐　　② ho ☐　　③ ha ☐

④ ☐　　⑤  ☐☐

③ 다음 발음에 맞는 글자를 연결해 보세요.

① 하　　　　　　　ひ
② 후　　　　　　　ふ
③ 히　　　　　　　は
④ 호　　　　　　　へ
⑤ 헤　　　　　　　ほ

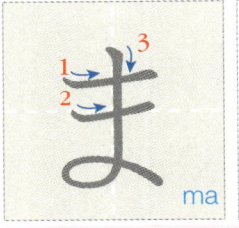  くま 곰
ku ma

ま ま ま ま ま
ma

▶ 우리 말의 「마」와 같음.

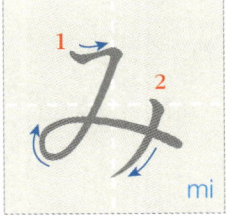  みみ 귀
mi mi

み み み み み
mi

▶ 우리 말의 「미」와 같음.

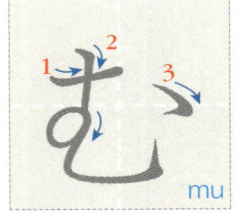  むし 벌레
mushi

む む む む む
mu

▶ 우리 말의 「무」와 같음.

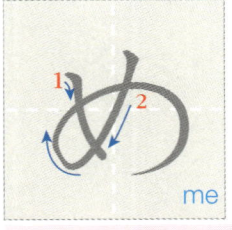  め 눈
me

め め め め め
me

▶ 우리 말의 「메」와 같음.

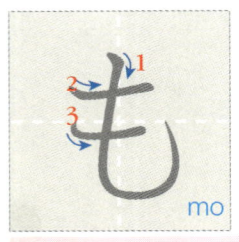  もも 복숭아
momo

も も も も も
mo

▶ 우리 말의 「모」와 같음.

1 ひらがな "ま行"의 글자를 찾아 ○표 해보세요.

も さ あ し は ま に す か た ま め ひ え お
へ と き て な み の め ほ む い う ね せ け
こ ぬ つ ち む く も そ ふ み ひ ゆ つ し ほ
な し え い ね た き に ち あ の く お ぬ け

2 ひらがな를 써보세요.

① ma ☐   ② mu ☐   ③ mi ☐

④  ☐   ⑤  ☐ ☐

3 다음 발음에 맞는 글자를 연결해 보세요.

① 미 •   • み
② 무 •   • ま
③ 메 •   • む
④ 마 •   • め
⑤ 모 •   • も

우리 말의 「야」와 같음.

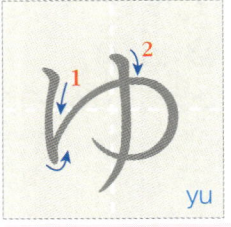

우리 말의 「유」와 같음.

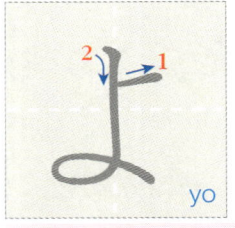

우리 말의 「요」와 같음.

1 ひらがな "や行"의 글자를 찾아 ○표 해보세요.

ゆ す ひ こ ぬ さ は ま よ か な や あ く い
や か け ち と き た ゆ へ も そ め よ ふ て
ね よ え お み の に ゆ し う せ つ む や ほ
も か と む つ あ ま や う む は ひ み せ も

2 ひらがな를 써보세요.

①  ②

③

3 다음 발음에 맞는 글자를 연결해 보세요.

① 야 •   • ゆ

② 요 •   • や

③ 유 •   • よ

29

 ら行

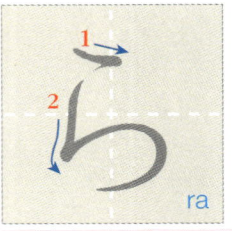
ra

らくだ 낙타
ra ku da

ら ら ら ら ら
ra

우리 말의 「라」와 같음.

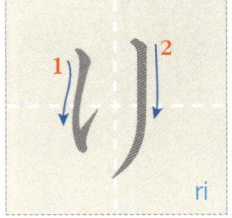
ri

となり 이웃
to na ri

り り り り り
ri

우리 말의 「리」와 같음.

ru

くるま 차
ku ru ma

る る る る る
ru

우리 말의 「루」와 「르」의 중간 발음.

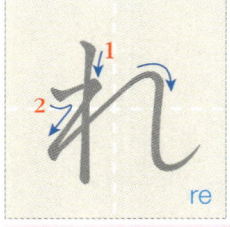
re

すみれ 제비꽃
su mi re

れ れ れ れ れ
re

우리 말의 「레」와 같음.

ro

ふろ 목욕탕
hu ro

ろ ろ ろ ろ ろ
ro

우리 말의 「로」와 같음.

1

ひらがな "ら行"의 글자를 찾아 ○표 해보세요.

ね は け ち ひ れ な ほ ね た す は あ つ る
ら く ら ふ き る さ ろ へ そ う り こ い に
て さ る せ え ぬ の れ お と め と く み す
み か と む つ り し め な ぬ く ろ ふ ほ も

2

ひらがな를 써보세요.

① ri ☐ ② re ☐ ③ ro ☐

④  ☐ ☐ ☐   ⑤ ☐ ☐ ☐

3

다음 발음에 맞는 글자를 연결해 보세요.

① 라 •   • ら

② 리 •   • る

③ 레 •   • れ

④ 로 •   • り

⑤ 루 •   • ろ

 わ行

▶ 우리 말의 「와」와 같음.

▶ 우리 말의 「오」와 같음. お와 발음이 같고 목적격 조사로만 쓰임. 발음은 「오」이지만 표기는 「wo」임에 주의할 것.

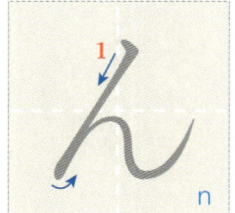  

▶ 우리 말의 「ㄴ,ㅁ,ㅇ」 받침과 같은 역할을 하고 뒤에 오는 음에 따라 발음이 달라짐.

1 ひらがな "わ行" 의 글자를 찾아 ○표 해보세요.

く あ み ん は と た わ や を ゆ す ひ と に
を む わ て を し す き ま あ け は し ぬ め
な ち け え お か を ぬ の ん な さ い ま か
ん つ さ ん ぬ い め せ わ に こ へ ひ ふ う

2 ひらがな를 써보세요.

① wa    ② o

③

3 다음 발음에 맞는 글자를 연결해 보세요.

① ㄴ, ㅁ, ㅇ　　　　　• わ

② 와　　　　　　　　• ん

③ 오　　　　　　　　• を

정리하고 한고비 넘기 2

1 다음 발음에 맞는 글자를 연결해 보세요.

① 야 •　　　　　　　• れ
② 메 •　　　　　　　• や
③ 후 •　　　　　　　• ふ
④ 루 •　　　　　　　• め
⑤ 레 •　　　　　　　• る

2 ☐에 들어갈 알맞은 ひらがな를 써 보세요.

• は行		ひ		
• ま行				め
• や行			よ	
• ら行	ら			
• わ行			を	

3 발음이 맞는 것을 골라 ○표 해보세요.

- やま (yamo, yama)
- ひよこ (hiyako, hiyoko)
- ふろ (huru, huro)
- わたし (netashi, watashi)
- むし (mushi, ushi)
- はち (nachi, hachi)

④ 그림을 보고 단어를 ひらがな로 써보세요.

①  ②

③  ④

⑤  ⑥

⑤ 발음을 로마자로 써 보세요.

- ほ (   )   • へ (   )
- れ (   )   • よ (   )
- み (   )   • ゆ (   )
- ま (   )   • ら (   )

⑥ ま行의 글자를 찾아 ○표 해보세요.

まかへさてめるこしさみてもけと
たらあつみりちるわくてんをろか
てきむさとそすたけもめはちねに
せとられこなまひねぬいつうへさ

혼동하기 쉬운 ひらがな

ku	く					
he	へ					

i	い					
ri	り					

ko	こ					
ni	に					

ki	き					
sa	さ					

shi	し					
tsu	つ					

ta	た					
na	な					

は ha	は					
ほ ho	ほ					

ま ma	ま					
も mo	も					

る ru	る					
ろ ro	ろ					

あ a	あ					
め me	め					
ぬ nu	ぬ					

ね ne	ね					
わ wa	わ					
れ re	れ					

が行

50음 가운데 탁음이 될 수 있는 것은 か行, さ行, た行, は行의 20자뿐이다.
탁음은 글자의 오른쪽 어깨에 작은 점 두개를 안쪽부터 찍는다.

か行〔ka → ga〕 さ行〔sa → za〕 た行〔ta → da〕 は行〔ha → ba〕

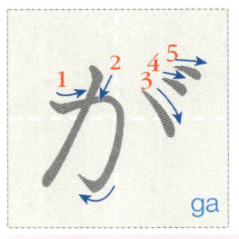
ga

けが 상처
ke ga

が が が が が

▶ 우리 말의 「가」와 같음.

gi

かぎ 열쇠
ka gi

ぎ ぎ ぎ ぎ ぎ

▶ 우리 말의 「기」와 같음.

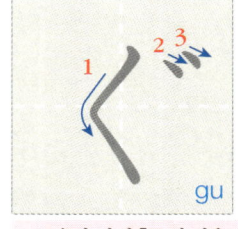
gu

かぐ 가구
ka gu

ぐ ぐ ぐ ぐ ぐ

▶ 우리 말의 「구」와 같음.

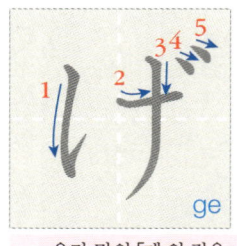
ge

かげ 그림자
ka ge

げ げ げ げ げ

▶ 우리 말의 「게」와 같음.

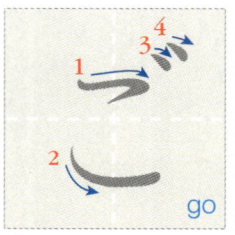
go

ごはん 밥
go ha n

ご ご ご ご ご

▶ 우리 말의 「고」와 같음.

 ざ行

ざ / za
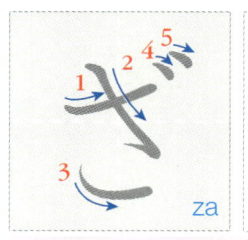
ざる 소쿠리

우리 말의 「자」와 같음.

じ / zi
かじ 화재

우리 말의 「지」와 같음.

ず / zu
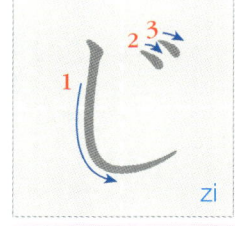
みず 물

우리 말의 「즈」와 같음.

ぜ / ze

かぜ 바람

우리 말의 「제」와 같음.

ぞ / zo
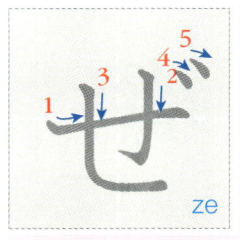
ぞう 코끼리

우리 말의 「조」와 같음.

da

ひだり 좌
hi da ri

우리 말의 「다」와 같음.

ji

はなぢ 코피
ha na ji

우리 말의 「지」와 같음.

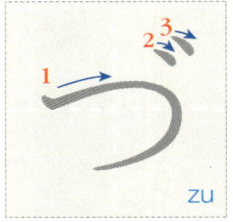
zu

こづつみ 소포
ko zu tsu mi

우리 말의 「즈」와 같음.

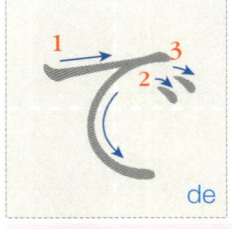
de

でんわ 전화
den wa

우리 말의 「데」와 같음.

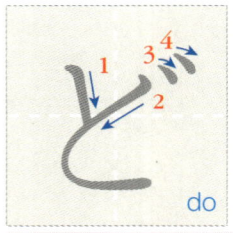
do

まど 창문
ma do

우리 말의 「도」와 같음.

 ば行

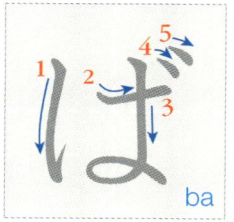
ba

ばら 장미
ba ra

ば ば ば ば ば
ba

우리 말의 「바」와 같음.

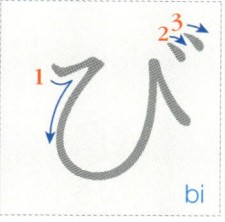
bi

へび 뱀
he bi

び び び び び
bi

우리 말의 「비」와 같음.

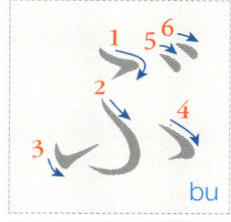
bu

ぶた 돼지
bu ta

ぶ ぶ ぶ ぶ ぶ
bu

우리 말의 「부」와 같음.

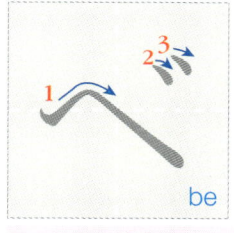
be

べんとう 도시락
ben to

べ べ べ べ べ
be

우리 말의 「베」와 같음.

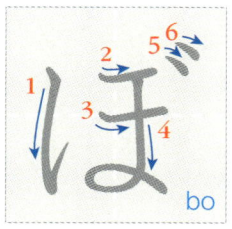
bo

ぼうし 모자
bo - shi

ぼ ぼ ぼ ぼ ぼ
bo

우리 말의 「보」와 같음.

ぱ行

50음 가운데 「ぱ, ぴ, ぷ, ぺ, ぽ」 5자 뿐이다. ぱ行는 외래어나 의성어, 의태어 등에서 주로 쓰이고, 글자의 오른쪽 위에 「°」로 표시한다.

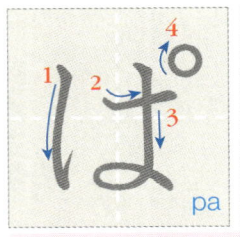 

▶ 우리 말의 「파」와 같음.

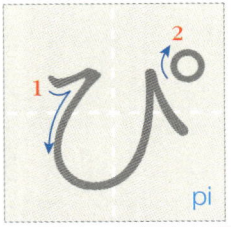 

▶ 우리 말의 「피」와 같음.

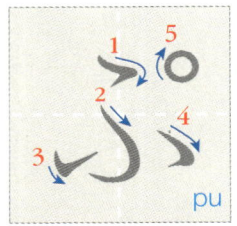 

▶ 우리 말의 「푸」와 같음.

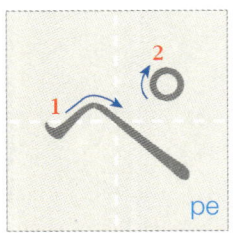 

▶ 우리 말의 「페」와 같음.

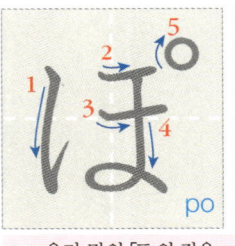 

▶ 우리 말의 「포」와 같음.

1

ひらがな "ざ行"의 글자를 찾아 ○표 해보세요.

う じ び か げ ぬ あ め る ら け せ ぬ つ り
た よ め な と ば ふ り ほ た ば の ぎ ず や
ち か は ざ む ゆ ぎ ひ み ぜ が ひ に で そ
さ ぬ び べ ら づ ぬ ぞ も る ぐ め ま ち げ

2

ひらがなを 써보세요.

① ba ☐　② po ☐　③ gi ☐

④ ☐ ☐ ☐ ☐

⑤ ☐ ☐

3

발음을 로마자로 써 보세요.

- かげ (　　)
- みず (　　)
- へび (　　)
- まど (　　)

- ぞう (　　)
- でんわ (　　)
- ぶた (　　)
- ひだり (　　)

요음이란,「い段」글자중에서「い」를 제외한「きぎしじちぢにひびぴみり」옆에 반모음인「やゆよ」를 조그맣게 표기한 것이다. 읽을 때는「い段」음과 한박자로 읽는다.

きゃ kya	きゃ きゃ きゃ きゃ きゃ
きゅ kyu	きゅ きゅ きゅ きゅ きゅ
きょ kyo	きょ きょ きょ きょ きょ
しゃ sya	しゃ しゃ しゃ しゃ しゃ
しゅ syu	しゅ しゅ しゅ しゅ しゅ
しょ syo	しょ しょ しょ しょ しょ

ちゃ chya	ちゃ	ちゃ	ちゃ	ちゃ	ちゃ
ちゅ chyu	ちゅ	ちゅ	ちゅ	ちゅ	ちゅ
ちょ chyo	ちょ	ちょ	ちょ	ちょ	ちょ
にゃ nya	にゃ	にゃ	にゃ	にゃ	にゃ
にゅ nyu	にゅ	にゅ	にゅ	にゅ	にゅ
にょ nyo	にょ	にょ	にょ	にょ	にょ

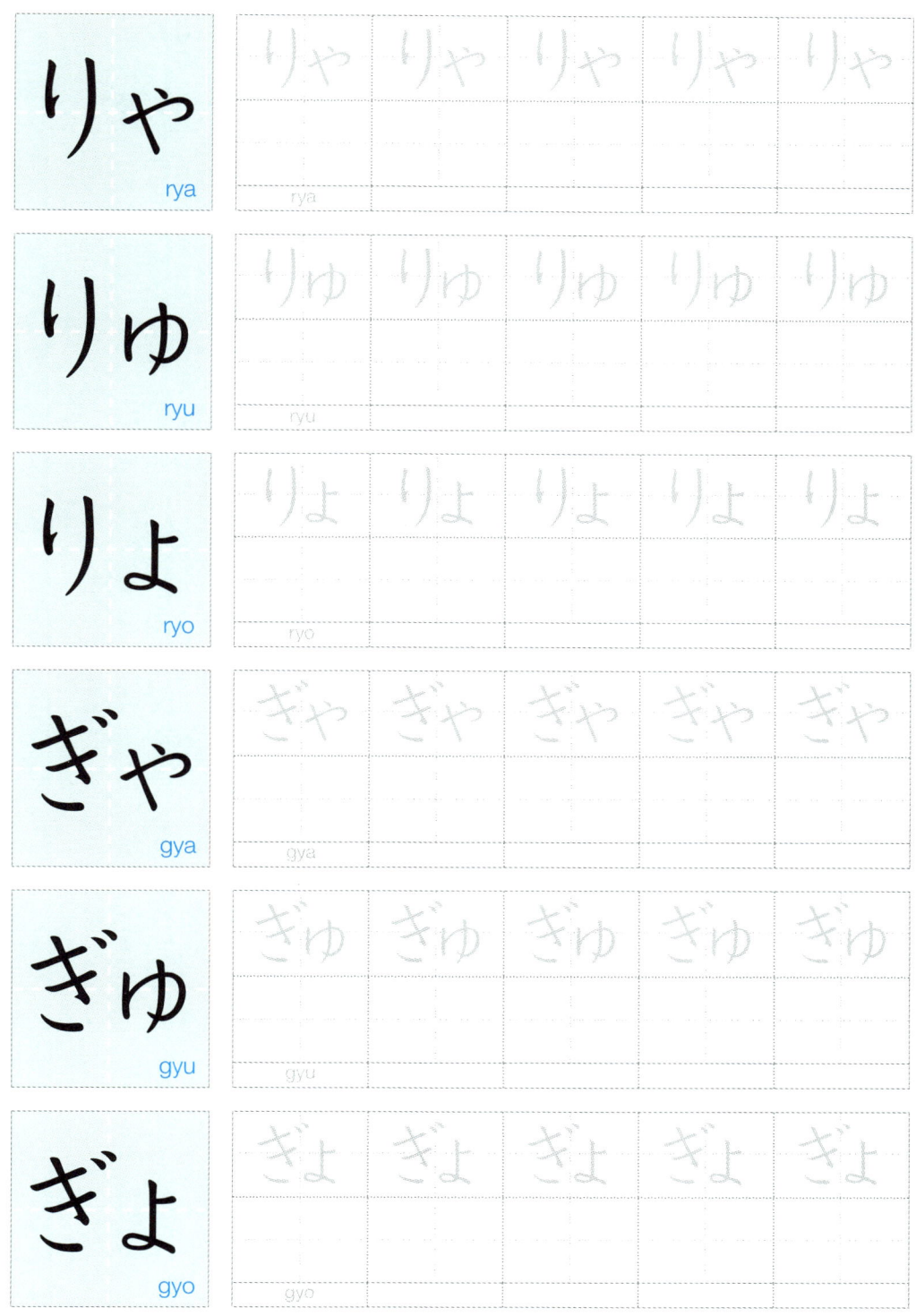

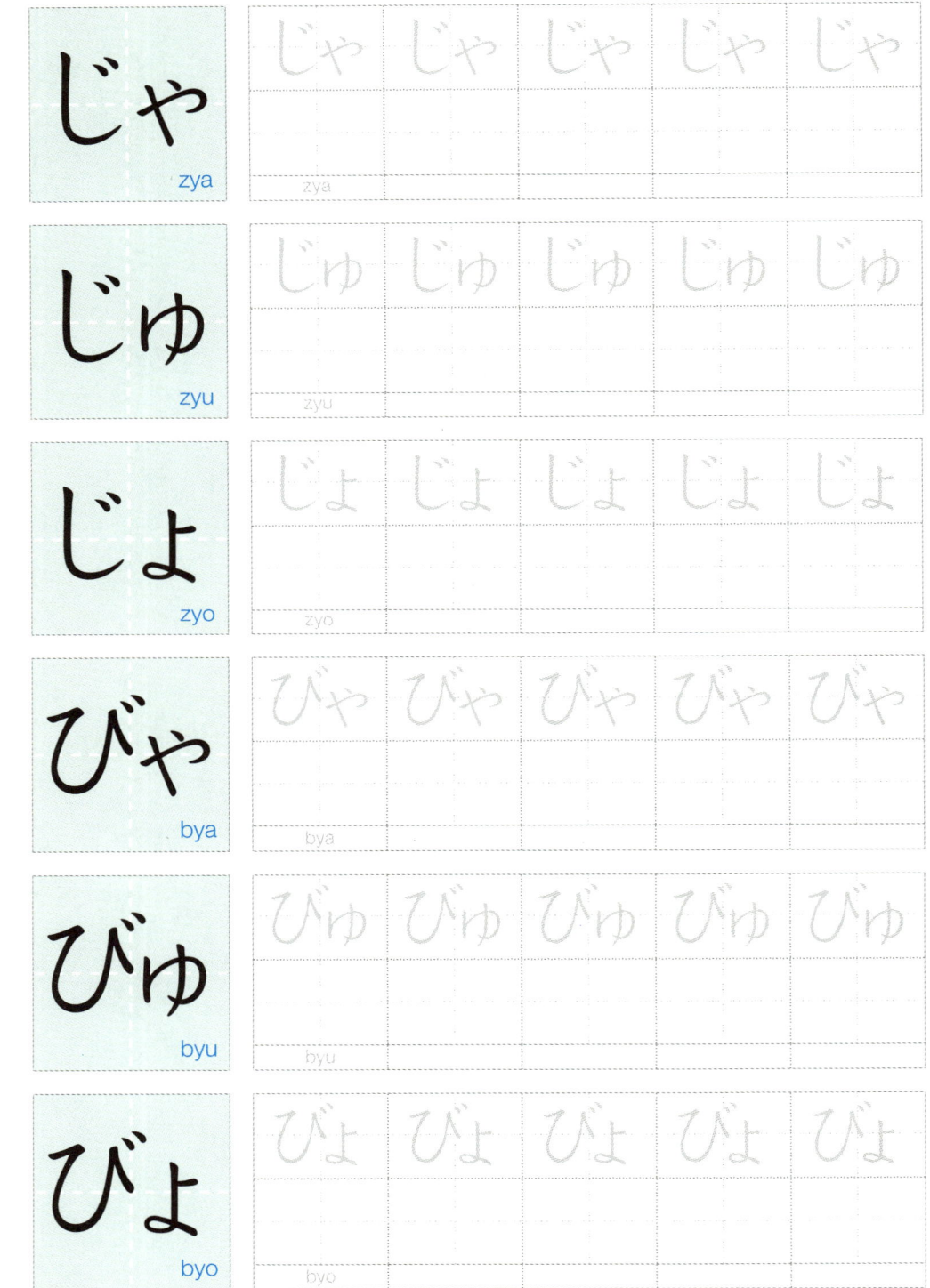

ぴゃ pya	ぴゃ	ぴゃ	ぴゃ	ぴゃ	ぴゃ
ぴゅ pyu	ぴゅ	ぴゅ	ぴゅ	ぴゅ	ぴゅ
ぴょ pyo	ぴょ	ぴょ	ぴょ	ぴょ	ぴょ

※「ぢゃ・ぢゅ・ぢょ」는「じゃ・じゅ・じょ」와 같은 발음으로 현대어에서는 별로 쓰이지 않는다.

1 ひらがな를 써 보세요.

① pyo _____   ② zya _____   ③ kyo _____

④ sya _____   ⑤ byu _____   ⑥ nyo _____

2 ひらがな에 해당하는 로마자를 쓰세요.

① びょ (　　　)　　② ぎゅ (　　　)

③ にゃ (　　　)　　④ ちゃ (　　　)

⑤ りゅ (　　　)　　⑥ しょ (　　　)

촉음이란「っ」를 작게 써서 표기하여 우리 말의 받침과 같은 역할을 함.
※뒤에 오는 음에 따라 발음이 달라진다.

1 「っ」+ か行   k「ㄱ」으로 발음
- いっかい(ikkai) 일층
- いっこ(ikko) 한 개

2 「っ」+ さ行   s「ㅅ」으로 발음
- ざっし(zasshi) 잡지
- さっそく(sassoku) 즉시

3 「っ」+ た行   t「ㄷ」으로발음
- きって(kitte) 우표
- あさって(asatte) 모레

4 「っ」+ ぱ行   p「ㅂ」으로발음
- いっぱい(ippai) 가득
- しっぽ(shippo) 꼬리

 촉음의 발음이 같은 것끼리 연결해 주세요.

① がっき　・　　　　　・　あさって
② いっぴき　・　　　　　・　けっこん
③ ざっし　・　　　　　・　しっぱい
④ きって　・　　　　　・　さっそく

 읽는 법을 로마자로 써 보세요.

① いっぱい　(i 　　 pai)

② がっこう　(ga 　　 ko-)

③ しっぽ　　(shi 　　 po)

④ ざっし　　(za 　　 shi)

 ひらがな로 써 보세요.

① sassoku　

② ikkai　

③ ippai　

발음

발음인 「ん」은 한자의 영향을 받아 생긴 것으로 말의 첫 머리에는 쓰이지 않는다.
우리 말의 「ㄴ, ㅁ, ㅇ」 받침과 같은 역할을 한다.
※뒤에 오는 음에 따라 발음이 달라진다.

1. **ま、ば、ぱ行 앞에서는 m「ㅁ」으로 발음.**
   - け**ん**ぶつ (kembutu) 구경
   - さ**ん**ま (samma) 꽁치
   - し**ん**ぱい (shimpai) 걱정

2. **さ、ざ、た、だ、な、ら行 앞에서는 n「ㄴ」으로 발음.**
   - け**ん**り (kenri) 권리
   - し**ん**せつ (shinsetsu) 친절
   - あ**ん**ない (annai) 안내
   - は**ん**たい (hantai) 반대

3. **か、が行 앞에서는 ŋ「ㅇ」으로 발음.**
   - で**ん**き (deŋki) 전기
   - り**ん**ご (riŋgo) 사과

4. **あ、は、や、わ行 앞이나 단어의 맨 끝에서는 N「ㄴ와 ㅇ」 중간발음.**
   - に**ほん** (nihoN) 일본
   - ほ**ん**や (hoNya) 서점
   - お**でん** (odeN) 튀김
   - で**ん**わ (deNwa) 전화

 다음 단어 중 「と_ん_ぼ」의 ん발음과 같은 것에 ○표 해보세요.

① し_ん_ぶん
② う_ん_どう
③ お_ん_がく
④ こ_ん_ど
⑤ せ_ん_せい
⑥ で_ん_わ

 다음 밑줄 친 부분의 발음이 N 인 것을 ○표 해보세요.

① ほ_ん_や
② さ_ん_ぽ
③ べ_ん_り
④ で_ん_わ
⑤ お_ん_な
⑥ で_ん_き

 같은「ん」발음을 연결해 보세요.

け_ん_ぶつ　　●　　　　　●　で_ん_き
は_ん_たい　　●　　　　　●　にほ_ん_
り_ん_ご　　　●　　　　　●　け_ん_り
お で_ん_　　 ●　　　　　●　さ_ん_ま

 **장음**

장음은 같은 모음과 모음이 연달아 나올 때 발생하고, 읽을 때는 한 박자의 장음을 길게 늘여 두 박자로 발음한다. 주로 외래어 표기에 쓰이는 가타가나의 경우엔 장음을 「ー」로 표기한다.

<발음비교>

おばあさん(oba-saN) 할머니   おばさん(obasaN) 아주머니

1 あ단 장음   あ단글자 + あ
- おかあさん (oka-saN) 엄마

2 い단 장음   い단글자 + い
- おにいさん (oni-saN) 오빠
- おじいさん (ozi-saN) 할아버지

3 う단 장음   う단글자 + う
- くうき (ku-ki) 공기
- ようじ (yo-zi) 이쑤시개

4 え단 장음   え단글자 + え、い(한자어일 경우)
- おねえさん (one-saN) 언니
- せんせい (sense-) 선생님
- すいえい (suie-) 수영

5 お단 장음   お단글자 + う、お
- びょういん (byo-iN) 병원
- おとうさん (oto-saN) 아빠
- とおい (to-i) 멀다
- おおさか (o-saka) 오사카

1 ひらがなを써 보세요.

① suie- (　　　　)
② oka-saN (　　　　)
③ o-ki- (　　　　)
④ byo-iN (　　　　)
⑤ sense- (　　　　)

2 발음이 맞는 것에 ○표 해보세요.

① こおり　　　(koori, ko-ri)
② くうき　　　(kuuki, ku-ki)
③ おとうさん　(oto-saN, otoosan)
④ こうえん　　(ko-eN, kooeN)
⑤ ちょうりし　(chyourishi, chyo-rishi)

カタカナ
가타카나

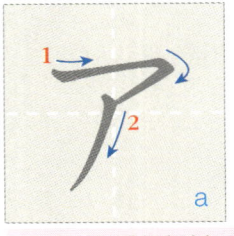　a	**ア**イロン 다리미 a i ron	ア ア ア ア ア

▶ 우리 말의「아」와 같음.

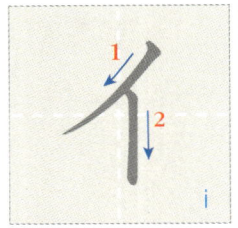　i	**イ**ルカ 돌고래 i ru ka 	イ イ イ イ イ

▶ 우리 말의「이」와 같음.

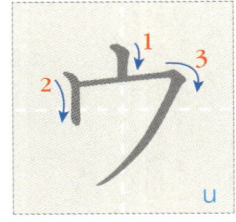　u	**ウ**イスキー 위스키 u i su ki 	ウ ウ ウ ウ ウ

▶ 우리 말의「우」와 같음.

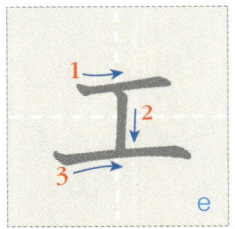　e	**エ**アコン 에어컨 e a kon 	エ エ エ エ エ

▶ 우리 말의「에」와 같음.

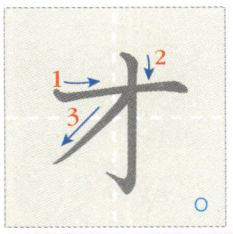　o	**オ**ムレツ 오믈렛 o mu re tsu 	オ オ オ オ オ

▶ 우리 말의「오」와 같음.

1 カタカナ "ア行"의 글자를 찾아 ○표 해보세요.

アカキマメテサコエアナニタオチ
ケラハアルムチマサタミセクツミ
トソコシイロアレヘリスアツサテ
ミルケリトモウテナカヒトリノル

2 カタカナ를 써보세요.

① u ☐   ② a ☐   ③ o ☐

④  い る か
☐ ☐ ☐

⑤  え あ こ ん
☐ ☐ ☐ ☐

3 다음 발음에 맞는 글자를 연결해 보세요.

① 아 •   • イ
② 이 •   • ア
③ 우 •   • オ
④ 에 •   • エ
⑤ 오 •   • ウ

カ行

カメラ 카메라
ka me ra

▶ 말 첫머리에서는 「가」와 「카」 중간 발음, 말 중간이나 끝에서는 「까」에 가깝게 발음.

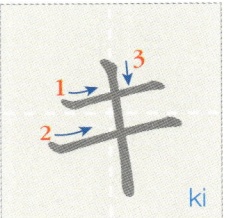 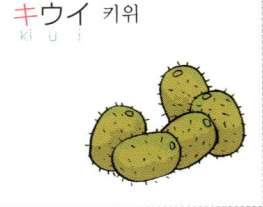

キウイ 키위
ki u i

▶ 말 첫머리에서는 「기」와 「키」 중간 발음, 말 중간이나 끝에서는 「끼」에 가깝게 발음.

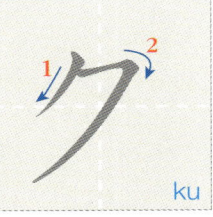 

ミルク 우유
mi ru ku

▶ 말 첫머리에서는 「구」와 「쿠」 중간 발음, 말 중간이나 끝에서는 「꾸」에 가깝게 발음.

ケーキ 케이크
ke - ki

▶ 말 첫머리에서는 「게」와 「케」 중간 발음, 말 중간이나 끝에서는 「께」에 가깝게 발음.

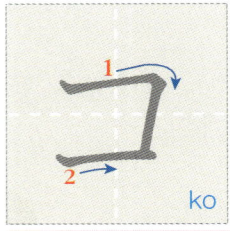 

コーヒー 커피
ko - hi -

▶ 말 첫머리에서는 「고」와 「코」 중간 발음, 말 중간이나 끝에서는 「꼬」에 가깝게 발음.

① カタカナ "カ行"의 글자를 찾아 ○표 해보세요.

ア ラ ウ キ チ ク シ イ カ チ ウ ケ ク チ ヌ
シ タ メ オ ケ エ タ コ ト ツ エ ク オ シ ナ
テ ウ エ キ ソ シ ミ セ オ カ ハ メ ヒ カ ラ
ク ス ア オ ア コ タ キ ソ マ ウ コ タ ハ ヒ

② カタカナ를 써보세요.

① ki ☐   ② ke ☐   ③ ka ☐

④ み る く
☐ ☐ ☐

⑤ こ   ひ
☐ ― ☐ ― ☐

③ 다음 발음에 맞는 글자를 연결해 보세요.

① 키 •   • カ
② 코 •   • ク
③ 카 •   • ケ
④ 쿠 •   • キ
⑤ 케 •   • コ

サ行

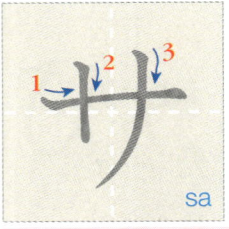
sa

 サーカス 서커스
sa - ka su

▶ 우리 말의 「사」와 같음.

shi

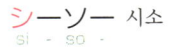 シーソー 시소
si - so

▶ 우리 말의 「시」와 같음.

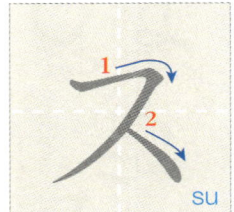
su

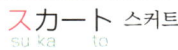 スカート 스커트
su ka to

▶ 우리 말의 「스」와 같음. 「수」가 아니고 「스」임에 주의할 것.

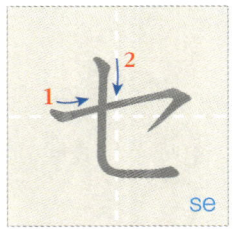
se

 セーター 스웨터
se - ta -

▶ 우리 말의 「세」와 같음.

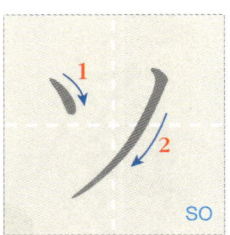
so

ソウル 서울
so - ru

▶ 우리 말의 「소」와 같음.

1 カタカナ"サ行"의 글자를 찾아 ○표 해보세요.

シ ク サ オ ア ク ア エ セ ル オ テ ウ ソ エ
カ イ ケ ウ イ タ シ イ ク ス ウ コ ケ チ ウ
エ ア ス コ ソ ケ カ キ コ キ イ ア サ ラ ミ
キ テ セ カ キ オ セ ク ケ オ チ タ ハ メ フ

2 カタカナ를 써보세요.

① so ☐   ② sa ☐   ③ se ☐

④ 　し ― そ ―

⑤ 　す か ― と

3 カタカナ와 같은 ひらがな를 고르세요.

① サ　(さ、す)
② シ　(し、そ)
③ ス　(す、そ)
④ ソ　(た、そ)

 タ行

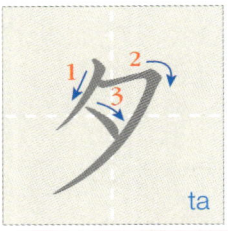

タオル 수건
ta o ru

말 첫머리에서는 「다」와 「타」 중간 발음, 말 중간이나 끝에서는 「따」에 가깝게 발음.

チーズ 치즈
chi - zu

말 첫머리에서는 「지」와 「치」 중간 발음, 말 중간이나 끝에서는 「찌」에 가깝게 발음.

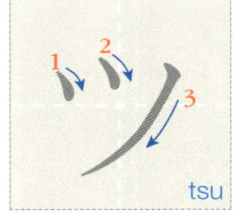

ツアー 단체 여행
tsu a -

우리 말의 「츠」와 「쓰」 중간 발음.

テスト 테스트, 시험
te su to

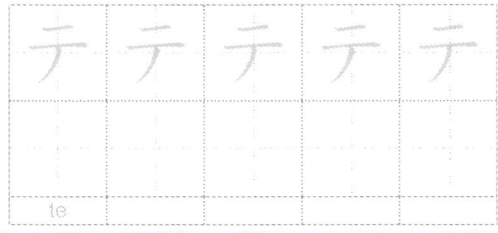

말 첫머리에서는 「데」와 「테」 중간 발음, 말 중간이나 끝에서는 「떼」에 가깝게 발음.

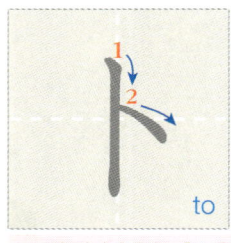

トマト 토마토
to ma to

말 첫머리에서는 「도」와 「토」 중간 발음, 말 중간이나 끝에서는 「또」에 가깝게 발음.

① カタカナ "タ行"의 글자를 찾아 ○표 해보세요.

タ セ キ ア エ ク ツ ス イ マ ト ヘ ミ チ コ
サ シ コ タ サ チ ケ キ ウ ソ コ チ ア セ ハ
ス ツ ケ カ テ エ ウ ト カ ク オ サ イ キ シ
ア セ テ ソ ク オ サ イ キ ト ソ エ ヒ サ リ

② カタカナ를 써보세요.

① ta  ② tsu ③ to

④  ち ー ず

⑤ 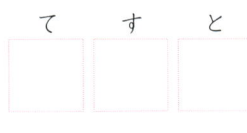 て す と

③ カタカナ와 같은 ひらがな를 고르세요.

① タ （た、ち）
② ツ （し、つ）
③ テ （と、て）
④ チ （さ、ち）

ナ行

① カタカナ "ナ行"의 글자를 찾아 ○표 해보세요.

　　ナ　タ　ノ　ニ　ア　カ　ナ　シ　ハ　ミ　エ　コ　チ　サ　ア
　　シ　キ　ク　エ　セ　ト　ス　サ　シ　エ　ラ　ハ　メ　ホ　チ
　　エ　ニ　オ　ツ　サ　イ　ケ　ラ　チ　ヌ　ウ　メ　ネ　テ　カ
　　ヌ　コ　ノ　ネ　タ　ア　ケ　キ　ソ　コ　ノ　フ　シ　カ　サ

② カタカナ를 써보세요.

① ne ☐　　② nu ☐　　③ no ☐

④ 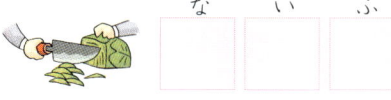　な　い　ふ

⑤  　て　に　す

③ カタカナ와 같은 ひらがな를 고르세요.

①  ナ　（な、ぬ）

② 　ヌ　（に、ぬ）

③ 　ネ　（ね、わ）

④ 　ノ　（と、の）

정리하고 한고비 넘기 3

1 다음 발음에 맞는 글자를 연결해 보세요.

① 니 •　　　　　　　• オ
② 스 •　　　　　　　• ニ
③ 오 •　　　　　　　• キ
④ 타 •　　　　　　　• タ
⑤ 키 •　　　　　　　• ス

2 ☐에 들어갈 알맞은 カタカナ를 써 보세요.

• ア行			ウ		
• カ行	カ				
• サ行				セ	
• タ行					ト
• ナ行		ニ			

3 발음에 맞는 것을 골라 ○표 해보세요.

- イルカ(iruka, eruka)
- エアコン(oakon, eakoN)
- サーカス(sa-kasu, za-kasu)
- オムレツ(komuretsu, omuretsu)
- コーヒー(o-hi-, ko-hi-)
- トマト(tomato, tomito)

4 그림을 보고 단어를 カタカナ로 써보세요.

① 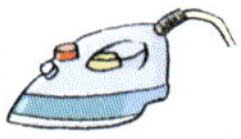 あ い ろ ん　　②  き う い

③  み る く　　④  す か ー と

⑤  そ う る　　⑥  て す と

5 발음을 로마자로 써 보세요.

- ア (　　)　　• ク (　　)
- シ (　　)　　• タ (　　)
- テ (　　)　　• ス (　　)
- ソ (　　)　　• ノ (　　)

6 タ行의 글자를 찾아 ○표 해보세요.

セアクネスイチサトカウセトニヘ
ツテソタシツキクネオニキタスハ
ナイケウニカエアタチコサノテマ
カマホエカオナツトニシソメラネ

 ハ行

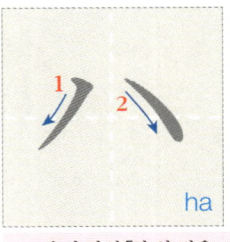
ha

ハート 하트
ha · to

우리 말의 「하」와 같음. ※조사로 쓰일 때는 「와(wa)」로 발음.

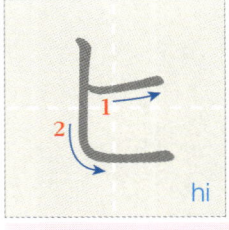
hi

ヒータ 히터
hi · ta

우리 말의 「히」와 같음.

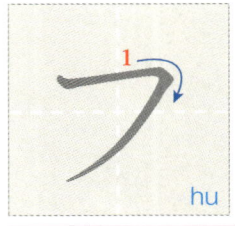
hu

フルーツ 과일
hu · ru · tsu

우리 말의 「후」와 「흐」의 중간 발음.

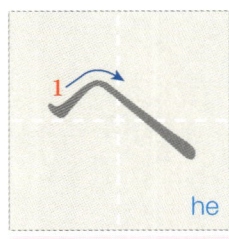
he

ヘア 헤어 스타일
he · a

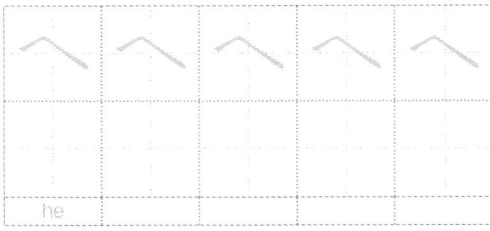

우리 말의 「헤」와 같음. ※조사로 쓰일 때는 「에(e)」로 발음.

ho

ホテル 호텔
ho · te · ru

우리 말의 「호」와 같음.

1 カタカナ "ハ行" 의 글자를 찾아 ○표 해보세요.

ネ エ テ フ ソ サ ウ ク ヒ ク ケ ホ サ ソ ト
ツ ヘ ハ コ ア ナ フ タ セ シ イ オ ニ ヘ カ
イ ス ハ ヒ サ セ チ ヌ キ ホ ノ シ ク ケ キ
サ ソ ト ス タ カ ミ チ ア ハ ナ ミ ネ ク サ

2 カタカナ를 써보세요.

① hu ☐   ② ho ☐   ③ ha ☐

④  ひ ☐ ー た ☐ ー

⑤ ヘ ☐ あ ☐

3 カタカナ와 같은 ひらがな를 고르세요.

① ハ (は、ふ)

② フ (ほ、ふ)

③ ヒ (ひ、は)

④ ホ (ふ、ほ)

マ行

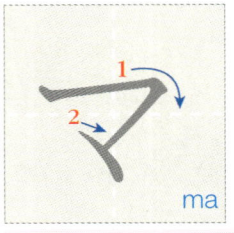 

マウス 마우스
ma u su

우리 말의 「마」와 같음.

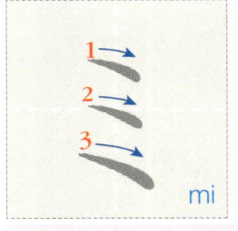 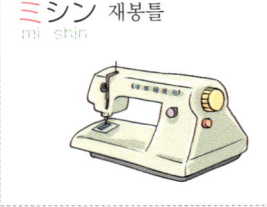

ミシン 재봉틀
mi shin

우리 말의 「미」와 같음.

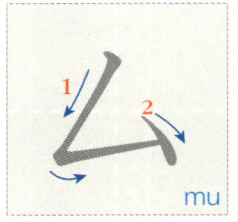 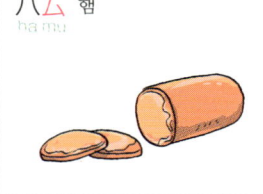

ハム 햄
ha mu

우리 말의 「무」와 같음.

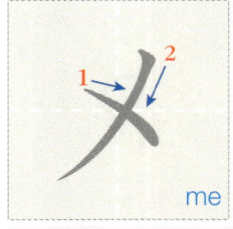 

メロン 메론
me ron

우리 말의 「메」와 같음.

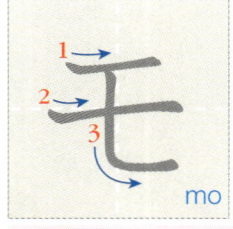 

モニター 모니터
mo ni ta -

우리 말의 「모」와 같음.

1 カタカナ "マ行"의 글자를 찾아 ○표 해보세요.

モ サ ア シ ハ マ ニ ス カ タ マ メ ヒ エ オ
ヘ ト キ テ ナ ミ ノ メ ホ ム イ ウ ネ セ ケ
コ メ ツ チ ム ク モ ソ フ ミ ヒ ユ ツ シ ホ
ナ シ エ イ ネ タ キ ニ チ ア ノ ク オ メ ケ

2 カタカナ를 써보세요.

① ma ☐   ② mu ☐   ③ mi ☐

④  め　ろ　ん

⑤   も　に　た
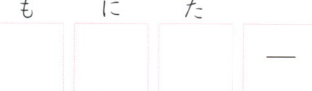

3 カタカナ와 같은 ひらがな를 고르세요.

① マ　(あ、ま)

② ミ　(し、み)

③ メ　(ね、め)

④ モ　(な、も)

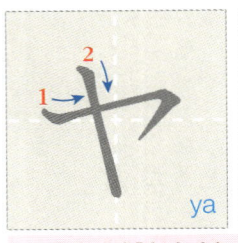

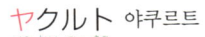 ヤクルト 야쿠르트

▶ 우리 말의 「야」와 같음.

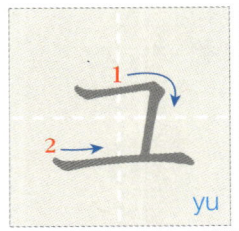

ユニホーム 유니폼

▶ 우리 말의 「유」와 같음.

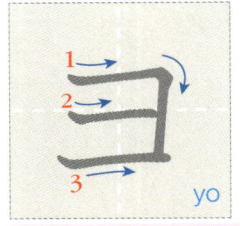

クレヨン 크레파스

▶ 우리 말의 「요」와 같음.

1 カタカナ "ヤ行"의 글자를 찾아 ○표 해보세요.

ユ ス ヒ コ メ サ ハ マ ヨ カ ナ ヤ ア ク イ
ヤ カ ケ チ ト キ タ ユ ヘ モ ソ メ ヨ フ テ
ネ ヨ エ オ ミ ノ ニ ユ シ ウ セ ツ ム ヤ ホ
モ カ ト ム ツ ア マ ヤ ウ ム ハ ヒ ミ セ モ

2 カタカナ를 써보세요.

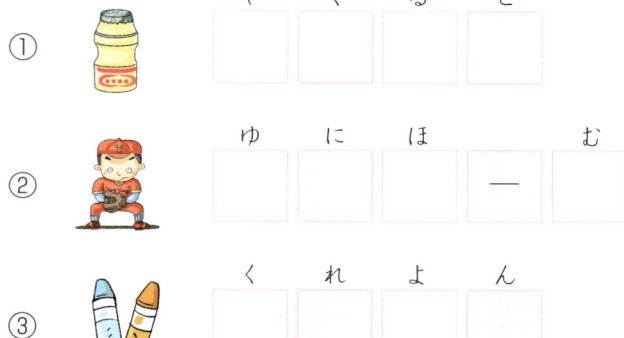

① や く る と

② ゆ に ほ ー む

③ く れ よ ん

3 カタカナ와 같은 ひらがな를 고르세요.

① ユ　(ゆ、こ)

② ヤ　(ま、や)

③ ヨ　(よ、お)

ラ行

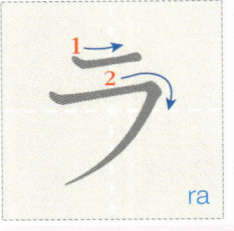
ra

ラジオ 라디오
ra zi o

우리 말의 「라」와 같음.

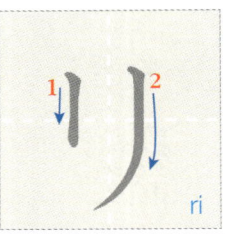
ri

リボン 리본
ri bon

우리 말의 「리」와 같음.

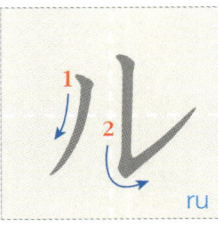
ru

ルーム 방
ru - mu

우리 말의 「루」와 「르」의 중간 발음.

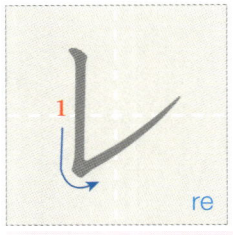
re

レモン 레몬
re mon

우리 말의 「레」와 같음.

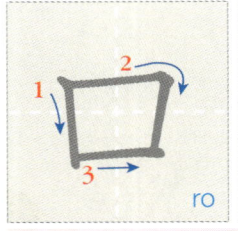
ro

ローズ 장미
ro - zu

우리 말의 「로」와 같음.

① カタカナ "ラ行"의 글자를 찾아 ○표 해보세요.

ネ ハ ケ チ ヒ レ ナ ホ ネ タ ス ハ ア ツ ル
ラ ク ラ フ キ ル サ ロ ヘ ソ ウ リ コ イ ニ
テ サ ル セ エ メ ノ レ オ ト メ ト ク ミ ス
ミ カ ト ム ツ リ シ メ ナ メ ク ロ フ ホ モ

② カタカナ를 써보세요.

① ri ☐　　② re ☐　　③ ro ☐

④ 　ら じ お
　　　　　　　☐ ☐ ☐

⑤ 　る　む
　　　　　　　☐ ― ☐

③ カタカナ와 같은 ひらがな를 고르세요.

① ル　(は、る)

② ラ　(ら、ふ)

③ レ　(ね、れ)

④ ロ　(る、ろ)

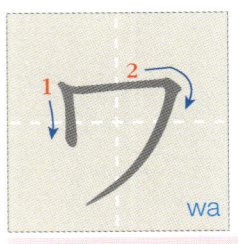

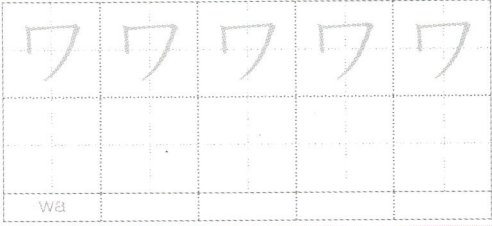

▶ 우리 말의 「와」와 같음.

▶ 우리 말의 「오」와 같음.

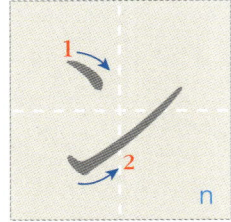

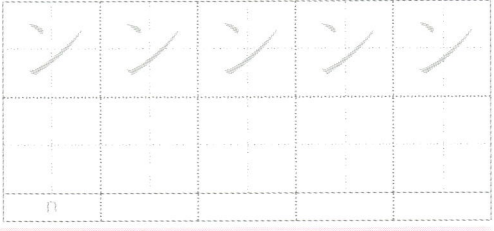

▶ 우리 말의 「ㄴ, ㅁ, ㅇ」 받침과 같은 역할을 하고 뒤에 오는 음에 따라 발음이 달라짐.

① カタカナ "ワ行"의 글자를 찾아 ○표 해보세요.

クアミンハトタワヤヲユスヒトニ
ヲムワテヲシスキマアケハシメメ
ナチケエオカヲメノンナサイマカ
ンツサンメイメセワにコヘヒフウ

② カタカナ를 써보세요.

①  わ　い　ん

②  ぱ　ん

③ カタカナ와 같은 ひらがな를 고르세요.

① ワ　（う、わ）

② ヲ　（お、を）

③ ン　（ん、そ）

한고비 넘기 4

1 다음 발음에 맞는 글자를 연결해 보세요.

① 히 •　　　　　　　　• ミ
② 미 •　　　　　　　　• ユ
③ 호 •　　　　　　　　• ヒ
④ 유 •　　　　　　　　• ロ
⑤ 로 •　　　　　　　　• ホ

2 ☐에 들어갈 알맞은 カタカナ를 써 보세요.

- ハ行　　ハ ☐ ☐ ☐ ☐
- マ行　　マ ☐ ☐ ☐ ☐
- ヤ行　　☐ 　 ユ 　 ☐
- ラ行　　☐ リ ☐ ☐ ☐
- ワ行　　☐ 　 　 　 ヲ

3 발음에 맞는 것을 골라 ○표 해보세요.

- ホテル (roteru, hoteru)
- フルーツ (huru-tsu, harutsu)
- モニター (manira-, monita-)
- ヤクルト (yokuruto, yakuruto)
- クレヨン (kureyu, kureyon)
- ローズ (ra-zu, ro-zu)

4 그림을 보고 단어를 カタカナ로 써보세요.

① ひ ー た ー
② ま う す
③ ゆ に ほ ー む
④ め ろ ん
⑤ り ぼ ん
⑥ わ い ん

5 발음을 로마자로 써 보세요.

- ハ (   )
- メ (   )
- ヤ (   )
- レ (   )
- ロ (   )
- ヲ (   )
- モ (   )
- ン (   )

6 ラ行 의 글자를 찾아 ○표 해보세요.

ネ ハ ケ チ ヒ レ ナ ホ ネ タ ス ハ ア ツ ル
ラ ク ラ フ キ ル サ ロ ヘ ソ ウ リ コ イ ニ
テ サ ル セ エ メ ノ レ オ ト メ ト ク ミ ス
ミ カ ト ム ツ リ シ メ ナ メ ク ロ フ ホ モ

혼동하기 쉬운 カタカナ

혼동하기 쉬운 カタカナ

の ノ no	ノ					
め メ me	メ					
に ニ ni	ニ					
こ コ ko	コ					
ゆ ユ yu	ユ					
よ ヨ yo	ヨ					
ひ ヒ hi	ヒ					
せ セ se	セ					

ガ行

50음 가운데 탁음이 될 수 있는 것은 カ行, サ行, タ行, ハ行의 20자뿐이다.
탁음은 글자의 오른쪽 어깨에 작은 점 두개를 안쪽부터 찍는다.
カ行〔ka → ga〕 サ行〔sa → za〕 タ行〔ta → da〕 ハ行〔ha → ba〕

 ガラス 유리창

우리 말의「가」와 같음.

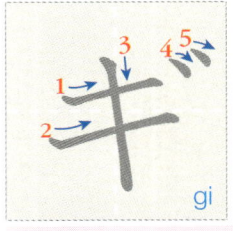
 ギター 기타

우리 말의「기」와 같음.

 グラフ 그래프

우리 말의「구」와 같음.

 ゲーム 게임

우리 말의「게」와 같음.

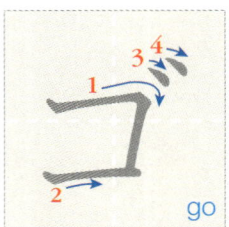
 ゴルフ 골프

우리 말의「고」와 같음.

 ザ行

za

デザート 디저트

우리 말의 「자」와 같음.

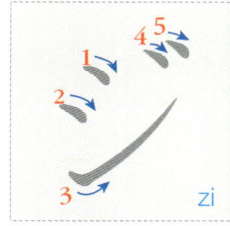
zi

ジーンズ 청바지(진)

우리 말의 「지」와 같음.

zu

ズボン 바지

우리 말의 「즈」와 같음.

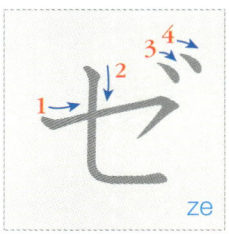
ze

ゼロ 숫자0

우리 말의 「제」와 같음.

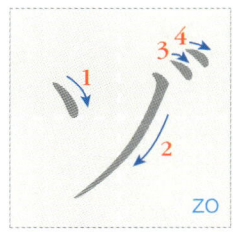
zo

リゾート 리조트

우리 말의 「조」와 같음.

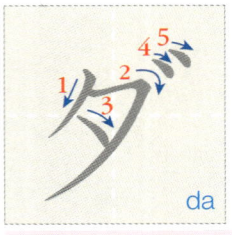
da

ダイヤモンド 다이아몬드
da · ya mon do

우리 말의「다」와 같음.

ji

ジ와 발음이 같다.
(보통 ジ를 사용함)

우리 말의「지」와 같음.

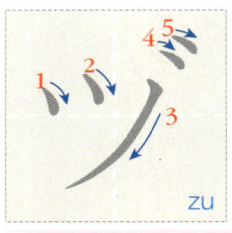
zu

ズ와 발음이 같다.
(보통 ズ를 사용함)

우리 말의「즈」와 같음.

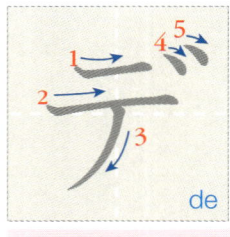
de

デパート 백화점
de pa - to

우리 말의「데」와 같음.

do

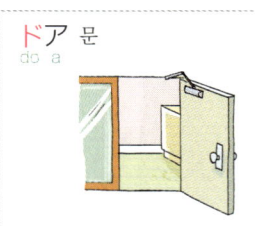
ドア 문
do a

우리 말의「도」와 같음.

 バ行

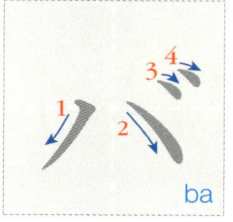
ba

バス 버스
ba su

우리 말의 「바」와 같음.

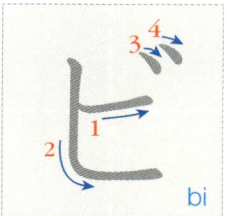
bi

テレビ 텔레비전
te re bi

우리 말의 「비」와 같음.

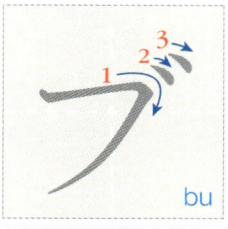
bu

ブーツ 부츠
bu・tsu

우리 말의 「부」와 같음.

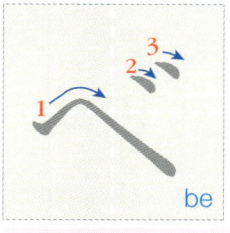
be

ベル 벨, 초인종
be ru

우리 말의 「베」와 같음.

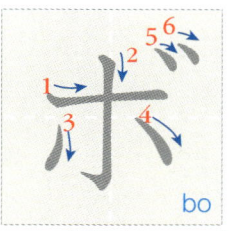
bo

ボール 볼, 공
bo・ru

우리 말의 「보」와 같음.

ぱ行

반탁음은 50음 가운데 「パ, ピ, プ, ペ, ポ」5자 뿐이다. パ行는 외래어나 의성어, 의태어 등에서 주로 쓰이고, 글자의 오른쪽 위에 「°」로 표시한다.

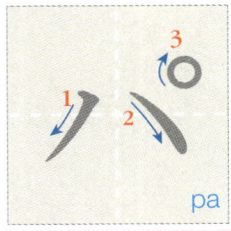 

パン 빵

pa

▶ 우리 말의 「파」와 같음.

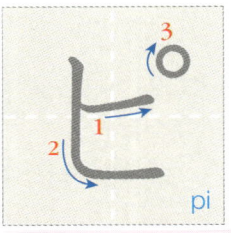 

ピアノ 피아노

pi

▶ 우리 말의 「피」와 같음.

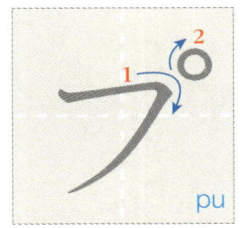  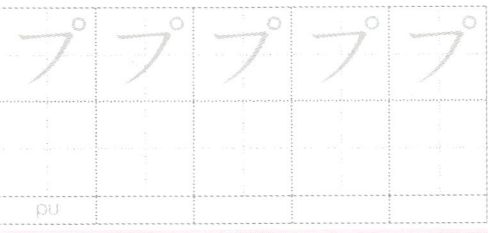

プール 풀, 수영장

pu

▶ 우리 말의 「푸」와 같음.

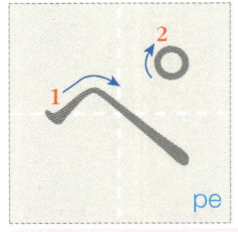  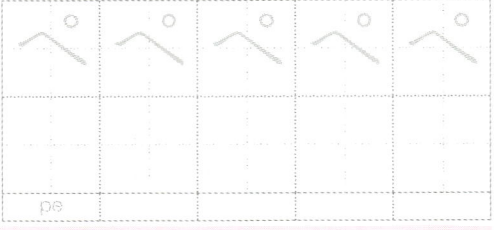

ペン 펜

pe

▶ 우리 말의 「페」와 같음.

ポスト 우체통

po

▶ 우리 말의 「포」와 같음.

① カタカナ "ガ行"의 글자를 찾아 ○표 해보세요.

ア ガ ギ マ メ デ ザ コ エ ア ナ ニ タ オ チ
ゲ ラ バ ア ル ム チ マ サ ダ ミ セ グ ツ ミ
ド ソ ゴ ジ イ ロ ア レ ベ リ ズ ア ツ サ テ
ミ ル ケ リ ト モ ウ デ ナ ガ ヒ ト リ ノ ル

② カタカナ를 써보세요.

① ge ☐　　② zo ☐　　③ bo ☐

④  ぐ ら ふ ☐ ☐ ☐

⑤  ず ぼ ん ☐ ☐ ☐

 ③ 단어에 알맞는 로마자를 써 보세요.

• ギター (　　)　　• ゴルフ (　　)
• ベル (　　)　　• テレビ (　　)
• パン (　　)　　• ピアノ (　　)

91

요음이란,「い段」글자중에서「い」를 제외한「きぎしじちぢにひびぴみり」옆에 반모음인「やゆよ」를 조그맣게 표기한 것이다. 읽을 때는「い段」음과 한박자로 읽는다.

| キャ kya |
| キュ kyu |
| キョ kyo |
| シャ sya |
| シュ syu |
| ショ syo |

リャ rya	リャ	リャ	リャ	リャ	リャ
リュ ryu	リュ	リュ	リュ	リュ	リュ
リョ ryo	リョ	リョ	リョ	リョ	リョ
ギャ gya	ギャ	ギャ	ギャ	ギャ	ギャ
ギュ gyu	ギュ	ギュ	ギュ	ギュ	ギュ
ギョ gyo	ギョ	ギョ	ギョ	ギョ	ギョ

ピャ pya	ピャ ピャ ピャ ピャ ピャ
ピュ pyu	ピュ ピュ ピュ ピュ ピュ
ピョ pyo	ピョ ピョ ピョ ピョ ピョ

※「ヂャ・ヂュ・ヂョ」는「ジャ・ジュ・ジョ」와 같은 발음으로 현대어에서는 별로 쓰이지 않는다.

1 カタカナ를 써 보세요.

① kya ☐   ② chyo ☐   ③ myu ☐

④ myo ☐   ⑤ gyo ☐   ⑥ pyo ☐

2 カタカナ에 해당하는 로마자를 쓰세요.

① キュ (   )   ② ニャ (   )

③ チョ (   )   ④ ヒュ (   )

⑤ ビョ (   )   ⑥ ピャ (   )

촉음이란「ッ」를 작게 써서 표기하며 우리 말의 받침과 같은 역할을 함.
※뒤에 오는 음에 따라 발음이 달라진다.

1   「ッ」+ カ行   k「ㄱ」으로 발음
- サッカー(sakka-) 축구
- ミュージック(myu-zikku) 음악

2   「ッ」+ サ行   s「ㅅ」으로 발음
- レッスン(ressuN) 레슨
- エッセイ(essei) 수필

3   「ッ」+ タ行   t「ㄷ」으로 발음
- チケット(chiketto) 티켓
- キッチン(kitchiN) 부엌

4   「ッ」+ パ行   p「ㅂ」으로 발음
- ストップ(sutoppu) 스톱
- スリッパ(surippa) 슬리퍼

 「ッ」 발음이 같은 것을 연결해 주세요.

① ホッケー　•　　　•　エッセイ
② レッスン　•　　　•　キッチン
③ スリッパ　•　　　•　サッカー
④ チケット　•　　　•　ショッピング

 읽는 법을 로마자로 써 보세요.

① サッカー　(sa ▢ ka-)

② チケット　(chike ▢ to)

③ スリッパ　(suri ▢ pa)

④ エッセイ　(e ▢ sei)

발음

발음인「ン」은 한자의 영향을 받아 생긴 것으로 말의 첫 머리에는 쓰이지 않는다.
우리 말의「ㄴ, ㅁ, ㅇ」받침과 같은 역할을 한다.
※뒤에 오는 음에 따라 발음이 달라진다.

1. **マ、バ、パ行** 앞에서는 m「ㅁ」으로 발음.
    - サンプル (sampuru) 샘플
    - メンバー (memba-) 멤버
    - キャンパス (kyampasu) 캠퍼스

2. **サ、ザ、タ、ダ、ナ、ラ行** 앞에서는 n「ㄴ」으로 발음.
    - アナウンサー (anaunsa-) 아나운서
    - フレンド (hurendo) 친구
    - トンネル (tonneru) 터널

3. **カ、ガ行** 앞에서는 ŋ「ㅇ」으로 발음.
    - アンコール (aŋko-ru) 앙코르
    - シングル (shiŋguru) 싱글

4. **ア、ハ、ヤ、ワ行** 앞이나 단어의 맨 끝에서는 N「ㄴ과 ㅇ」중간발음.
    - ワイン (waiN) 와인
    - デザイン (dezaiN) 디자인
    - パンフレット (paNhuretto) 팜플렛

 다음 단어 중 「ペンパル」의 ん발음과 같은 것을 찾아 ○표 해 보세요.

① サンプル
② コンサート
③ ショッピング
④ バイオリン
⑤ インキ
⑥ ワイン

 다음 밑줄 친 부분의 발음이 N인 것을 찾아 ○표 해 보세요.

① モンキー
② ペンシル
③ リボン
④ コンピューター
⑤ トンネル
⑥ フレンド

ひらがな カタカナ

히라가나 가타카나 함께 써보기

あ行

あ / ア (a)	あ					
	ア					
	a					

い / イ (i)	い					
	イ					
	i					

う / ウ (u)	う					
	ウ					
	u					

え / エ (e)	え					
	エ					
	e					

お / オ (o)	お					
	オ					
	o					

か行

か ka	か					
カ	カ					
ka	ka					

き ki	き					
キ	キ					
ki	ki					

く ku	く					
ク	ク					
ku	ku					

け ke	け					
ケ	ケ					
ke	ke					

こ ko	こ					
コ	コ					
ko	ko					

さ / サ sa	さ					
	サ					
	sa					

し / シ shi	し					
	シ					
	shi					

す / ス su	す					
	ス					
	su					

せ / セ se	せ					
	セ					
	se					

そ / ソ so	そ					
	ソ					
	so					

た行

た / タ	ta
ち / チ	chi
つ / ツ	tsu
て / テ	te
と / ト	to

な行

な					
ナ					
na					

に					
ニ					
ni					

ぬ					
ヌ					
nu					

ね					
ネ					
ne					

の					
ノ					
no					

は行

は / ハ	ha
ひ / ヒ	hi
ふ / フ	hu
へ / へ	he
ほ / ホ	ho

や行

や	や					
ヤ	ヤ					
ya	ya					

ゆ	ゆ					
ユ	ユ					
yu	yu					

よ	よ					
ヨ	ヨ					
yo	yo					

ら行

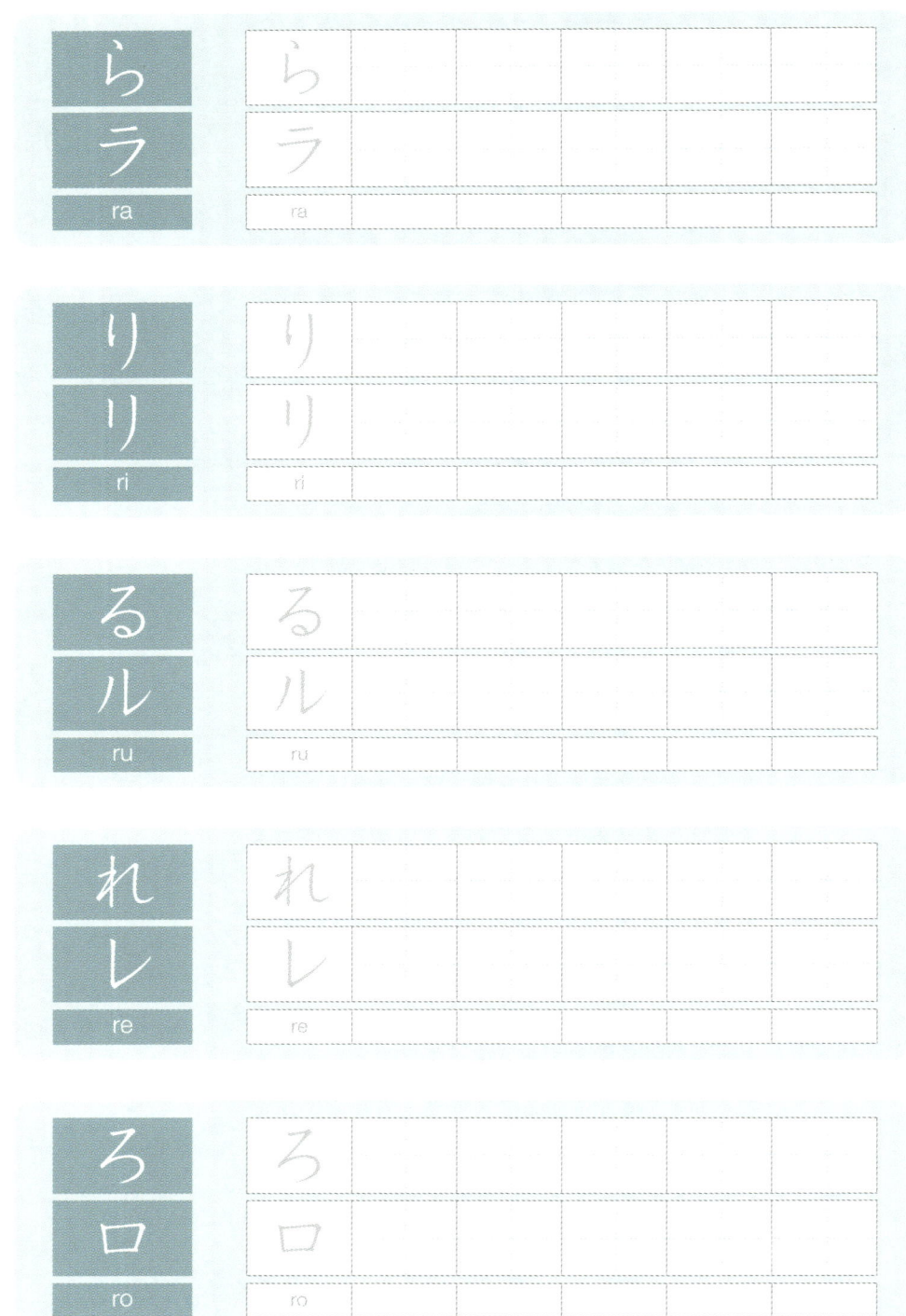

わ行

わ / ワ	wa
を / ヲ	wo
ん / ン	n

 が行

が ガ ga	が					
	ガ					
	ga					

ぎ ギ gi	ぎ					
	ギ					
	gi					

ぐ グ gu	ぐ					
	グ					
	gu					

げ ゲ ge	げ					
	ゲ					
	ge					

ご ゴ go	ご					
	ゴ					
	go					

ざ ザ za	ざ / ザ / za
じ ジ zi	じ / ジ / zi
ず ズ zu	ず / ズ / zu
ぜ ゼ ze	ぜ / ゼ / ze
ぞ ゾ zo	ぞ / ゾ / zo

だ行

だ	だ
ダ	ダ
da	da

ぢ	ぢ
ヂ	ヂ
ji	ji

づ	づ
ヅ	ヅ
zu	zu

で	で
デ	デ
de	de

ど	ど
ド	ド
do	do

ば行

ば / バ	ba
び / ビ	bi
ぶ / ブ	bu
べ / ベ	be
ぼ / ボ	bo

ぱ / パ pa	ぱ					
パ					
pa					

(practice sheet for ぱ行: ぱ/パ, ぴ/ピ, ぷ/プ, ぺ/ペ, ぽ/ポ)

요음

| きゃ / キャ
kya |
| しゅ / シュ
syu |

(practice sheet for yōon: きゃ/キャ kya, きゅ/キュ kyu, きょ/キョ kyo, しゃ/シャ sya, しゅ/シュ syu, しょ/ショ syo)

요음

ちゃ / チャ	chya
ちゅ / チュ	chyu
ちょ / チョ	chyo
にゃ / ニャ	nya
にゅ / ニュ	nyu
にょ / ニョ	nyo

요음

ひゃ / ヒャ (hya)	ひゃ				
	ヒャ				

ひゅ / ヒュ (hyu)	ひゅ				
	ヒュ				

ひょ / ヒョ (hyo)	ひょ				
	ヒョ				

みゃ / ミャ (mya)	みゃ				
	ミャ				

みゅ / ミュ (myu)	みゅ				
	ミュ				

みょ / ミョ (myo)	みょ				
	ミョ				

요음

りゃ / リャ	rya
りゅ / リュ	ryu
りょ / リョ	ryo
ぎゃ / ギャ	gya
ぎゅ / ギュ	gyu
ぎょ / ギョ	gyo

요음

じゃ / ジャ	zya
びゃ / ビャ	bya
じゅ / ジュ	zyu
びゅ / ビュ	byu
じょ / ジョ	zyo
びょ / ビョ	byo

요음

ぴゃ	ぴゃ					
ピャ pya	ピャ pya					

ぴゅ	ぴゅ					
ピュ pyu	ピュ pyu					

ぴょ	ぴょ					
ピョ pyo	ピョ pyo					

あ行　13p

1 ひらがな "あ行"의 글자를 찾아 ○표 해보세요.

あ か き ま め て さ こ お あ な に た お ち
け ら は あ る む ち ま さ た み せ く つ み
と そ こ し い ろ あ れ へ り す あ つ さ て
み る け り と も う て な か ひ と り の る

2 ひらがな를 써보세요.

① u う　② a あ　③ o お

④ いえ　⑤ いす

3 다음 발음에 맞는 글자를 연결해 보세요.

① 아　　　い
② 이　　　あ
③ 우　　　お
④ 에　　　え
⑤ 오　　　う

か行　15p

1 ひらがな "か行"의 글자를 찾아 ○표 해보세요.

あ ら う き ち く し い か ち う け く ち ぬ
し た め お け え た こ と つ え く お し な
て う え き そ し み せ お か め ひ か ら う
く す あ お あ こ た き そ ま う こ た は ひ

2 ひらがな를 써보세요.

① ki き　② ke け　③ ka か

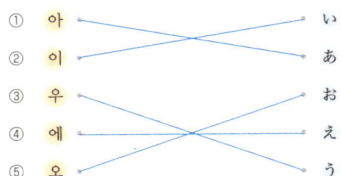
④ きく　⑤ こえ

3 다음 발음에 맞는 글자를 연결해 보세요.

① 키　　　か
② 코　　　く
③ 카　　　け
④ 쿠　　　き
⑤ 케　　　こ

さ行　17p

1 ひらがな "さ行"의 글자를 찾아 ○표 해보세요.

し く さ お あ く あ え せ つ お て う そ え
か い け う い た し い く す う こ け ち う
え あ す こ そ け か き こ き い あ さ ら み
き て せ か き お せ く け お ち た は め ふ

2 ひらがな를 써보세요.

① so そ　② sa さ　③ se せ

④ すいか　⑤ しか

3 다음 발음에 맞는 글자를 연결해 보세요.

① 시　　　し
② 스　　　そ
③ 사　　　さ
④ 세　　　す
⑤ 소　　　せ

た行　19p

1 ひらがな "た行"의 글자를 찾아 ○표 해보세요.

た せ き あ え く つ す い ま と へ み ち こ
さ し こ た さ ち け き う そ こ ち あ せ は
す つ け か て え う と か く お さ い き し
あ せ て そ く お さ い き と そ え ひ さ り

2 ひらがな를 써보세요.

① ta た　② tsu つ　③ to と

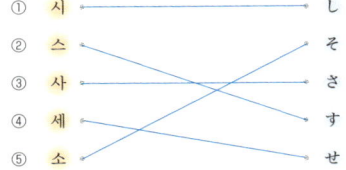
④ て　⑤ くち

3 다음 발음에 맞는 글자를 연결해 보세요.

① 타　　　と
② 츠　　　ち
③ 치　　　つ
④ 테　　　て
⑤ 토　　　た

な行 21p

1 ひらがな "な行"의 글자를 찾아 ○표 해보세요.

な た の に あ か な し は み え こ ち さ あ
し き く え せ と す さ し え ら は め ほ ち
え に お つ さ い け ら ち ぬ う め ね て か
ぬ こ の ね た あ け き そ こ の ふ し か さ

2 ひらがな를 써보세요.

① ne ね   ② nu ぬ   ③ no の

④ なす   ⑤ かに

3 다음 발음에 맞는 글자를 연결해 보세요.

① 나 — に
② 누 — な
③ 네 — ぬ
④ 노 — の
⑤ 니 — ね

정리하고 한고비 넘기 22~23p

1 다음 발음에 맞는 글자를 연결해 보세요.

① 니 — お
② 스 — に
③ 오 — き
④ 타 — た
⑤ 키 — す

2 빈칸에 들어갈 알맞은 ひらがな를 써 보세요.

- あ行   あ い う え お
- か行   か き く け こ
- さ行   さ し す せ そ
- た行   た ち つ て と
- な行   な に ぬ ね の

3 발음이 맞는 것을 골라 ○표 해보세요.

- そと (toso, **soto**)
- こえ (ie, **koe**)
- ねこ (kone, **neko**)
- しか (**sika**, suka)
- かに (ani, **kani**)
- つき (uki, **tsuki**)

4 그림을 보고 단어를 ひらがな로 써보세요.

① すいか   ② たこ
③ かお   ④ いけ
⑤ いえ   ⑥ かに

5 발음을 로마자로 써 보세요.

- あ (a)   ・く (ku)
- し (shi)   ・た (ta)
- て (te)   ・す (su)
- そ (so)   ・の (no)

6 た行의 글자를 찾아 ○표 해보세요.

せ あ く ね す い ち さ と か う せ と に へ
つ て そ た し つ き く ぬ お に き た す は
な い け う に か え あ た ち こ さ の て ま
か ま ほ え か お な つ と に し そ め ら ね

は行 25p

1 ひらがな "は行"의 글자를 찾아 ○표 해보세요.

ね え て ふ そ さ う く ひ く け ほ さ そ と
つ へ は こ あ な ふ た せ し い お に へ か
い す は ひ さ せ ち ぬ き ほ の し く け き
さ そ と す た か み ち あ は な み ね く さ

2 ひらがな를 써보세요.

① hu ふ   ② ho ほ   ③ ha は
④ ひ   ⑤ へそ

3 다음 발음에 맞는 글자를 연결해 보세요.

① 하 — ひ
② 후 — ふ
③ 히 — は
④ 호 — へ
⑤ 헤 — ほ

127

ま行　27p

① ひらがな "ま行"의 글자를 찾아 ○표 해보세요.

も さ あ し は ま に す か た ま め ひ え お
へ と き て な み の め ほ む い う ね せ け
こ ぬ つ ち む く も そ ふ み ひ ゆ つ し ほ
な し え い ね た き に ち あ の く お ぬ け

② ひらがなを 써보세요.

① ma ま　② mu む　③ mi み

 ④ め　⑤ もも

③ 다음 발음에 맞는 글자를 연결해 보세요.

① 미 — み
② 무 — ま
③ 메 — む
④ 마 — め
⑤ 모 — も

ら行　31p

① ひらがな "ら行"의 글자를 찾아 ○표 해보세요.

ね は け ち ひ れ な ほ ね た す は あ つ る
ら く ら ふ き る さ ろ へ そ う り こ い に
て さ る せ え ぬ の れ お と め と く み す
み か と む つ り し め な ぬ く ろ ふ ほ も

② ひらがなを 써보세요.

① ri り　② re れ　③ ro ろ

 ④ くるま　⑤ らくだ

③ 다음 발음에 맞는 글자를 연결해 보세요.

① 라 — ら
② 리 — る
③ 레 — れ
④ 로 — り
⑤ 루 — ろ

や行　29p

① ひらがな "や行"의 글자를 찾아 ○표 해보세요.

ゆ す ひ こ ぬ さ は ま よ か な や あ く い
や か け ち と き た ゆ へ も そ め よ ふ て
ね よ え お み の に ゆ し う せ つ む や ほ
も か と む つ あ ま や う む は ひ み せ そ

② ひらがなを 써보세요.

 ① やま　② ゆみ　③ ひよこ

③ 다음 발음에 맞는 글자를 연결해 보세요.

① 야 — ゆ
② 요 — や
③ 유 — よ

わ行　33p

① ひらがな "わ行"의 글자를 찾아 ○표 해보세요.

く あ み ん は と た わ や を ゆ す ひ と に
を む わ て を し す き ま あ け は し ぬ め
な ち け お か を ぬ の ん な さ い ま か
ん つ さ ん ぬ い め せ わ に こ へ ひ ふ う

② ひらがなを 써보세요.

① wa わ　② wo を

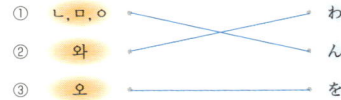 ③ ほん

③ 다음 발음에 맞는 글자를 연결해 보세요.

① ㄴ,ㅁ,ㅇ — わ
② 와 — ん
③ 오 — を

정리하고 한고비 넘기 34~35p

1 다음 발음에 맞는 글자를 연결해 보세요.

① 야 — や
② 메 — め
③ 후 — ふ
④ 루 — る
⑤ 레 — れ

2 □ 에 들어갈 알맞은 ひらがな를 써 보세요.

は行	は	ひ	ふ	へ	ほ
ま行	ま	み	む	め	も
や行	や		ゆ		よ
ら行	ら	り	る	れ	ろ
わ行	わ				を

3 발음이 맞는 것을 골라 ○표 해보세요.

- やま(yamo, **yama**)
- ひよこ(hiyako, **hiyoko**)
- ふろ(huru, **huro**)
- わたし(netashi, **watashi**)
- むし(**mushi**, ushi)
- はち(nachi, **hachi**)

4 그림을 보고 단어를 ひらがな로 써보세요.

① 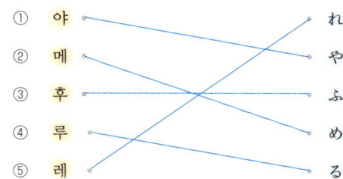 ひ
② め
③ くるま
④ ふく
⑤ らくだ
⑥ ひよこ

5 발음을 로마자로 써 보세요.

- ほ(ho)   　・へ(he)
- れ(re)   　・よ(yo)
- み(mi)   　・ゆ(yu)
- ま(ma)   　・ら(ra)

6 ま行의 글자를 찾아 ○표 해보세요.

ま か へ さ て め る こ し さ み て も け と
た ら あ つ み り ち る わ く て ん を ろ か
て き む さ と そ す た け も め は ち ね に
せ と ら れ こ な ま ひ ね ぬ い つ う へ さ

반탁음 43p

1 ひらがな "ざ行"의 글자를 찾아 ○표 해보세요.

う じ び か げ ぬ あ め る ら け せ ぬ つ り
た よ め な と ば ふ り ほ た ば の ぎ ず や
ち か は ぎ む ゆ ぎ ひ み ぜ が ひ に で そ
さ ぬ び べ ら づ ぬ ぞ も る ぐ め ま ち げ

2 ひらがな를 써 보세요.

① ba ば　② po ぽ　③ gi ぎ

④  こづつみ

⑤  ぶた

3 발음을 로마자로 써 보세요.

- かげ(kage)　・ぞう(zou)
- みず(mizu)　・でんわ(denwa)
- へび(hebi)　・ぶた(buta)
- まど(mado)　・ひだり(hidari)

요음 49p

1 ひらがな를 써 보세요.

① pyo ぴょ　② zya じゃ　③ kyo きょ
④ sya しゃ　⑤ byu びゅ　⑥ nyo にょ

2 ひらがな에 해당하는 로마자를 쓰세요.

① ぴょ (byo)　② ぎゅ (gyu)
③ にゃ (nya)　④ ちゃ (chya)
⑤ りゅ (ryu)　⑥ しょ (syo)

촉음　51p

1 촉음의 발음이 같은 것을 연결해 주세요.

① がっき　　　　　あさって
② いっぴき　　　　けっこん
③ ざっし　　　　　しっぱい
④ きって　　　　　さっそく

2 읽는 법을 로마자로 써보세요.

① いっぱい　(i　p　pai)
② がっこう　(ga　k　ko-)
③ しっぽ　　(shi　p　po)
④ ざっし　　(za　s　shi)

3 ひらがな로 써 보세요.

① sassoku　　さっそく
② ikkai　　　いっかい
③ ippai　　　いっぱい

발음　53p

1 다음 단어 중「とんぼ」의 ん발음과 같은 것에 ○표 해보세요.

① しんぶん（○）　② うんどう
③ おんがく　　　　④ こんど
⑤ せんせい　　　　⑥ でんわ

2 다음 밑줄 친 부분의 발음이 N 인 것을 ○표 해보세요.

① ほんや（○）　　② さんぽ
③ べんり　　　　　④ でんわ（○）
⑤ おんな　　　　　⑥ でんき

3 같은「ん」발음을 연결해 보세요.

けんぶつ　　　　でんき
はんたい　　　　にほん
りんご　　　　　けんり
おでん　　　　　さんま

장음　55p

1 ひらがな를 써 보세요.

① suie-　(すいえい)
② oka-saN　(おかあさん)
③ o-ki-　(おおきい)
④ byo-iN　(びょういん)
⑤ sense-　(びょういん)

2 발음이 맞는 것에 ○표 해보세요.

① こおり　　　(koori, ko-ri)
② くうき　　　(kuuki, ku-ki)
③ おとうさん　(oto-saN, otoosan)
④ こうえん　　(ko-eN, kooeN)
⑤ ちょうりし　(chyourishi, chyo-rishi)

ア行　59p

1 カタカナ "ア行"의 글자를 찾아 ○표 해보세요.

ア カ キ マ メ テ サ コ エ ア ナ ニ タ オ チ
ケ ラ ハ ア ル ム チ マ サ タ ミ セ ク ツ ミ
ト ソ コ シ イ ロ ア レ ヘ リ ス ア ツ サ テ
ミ ル ケ リ ト モ ウ テ ナ カ ヒ ト リ ノ ル

2 カタカナ를 써보세요.

① u　ウ　　② a　ア　　③ o　オ

④ イルカ (いるか)

⑤ エアコン (えあこん)

3 다음 발음에 맞는 글자를 연결해 보세요.

① 아　　　　イ
② 이　　　　ア
③ 우　　　　オ
④ 에　　　　エ
⑤ 오　　　　ウ

カ行　61p

1 カタカナ "カ行"의 글자를 찾아 ○표 해보세요.

アラウ㋖チ㋗シイ㋕チウ㋒㋘クチヌ
シタメオ㋘エタ㋙トツエ㋗オシナ
テウエ㋖ソシミセオ㋕ハメヒ㋕ラ
㋗スアオア㋙タ㋖ソマウ㋙タハヒ

2 カタカナ를 써보세요.

① ki キ　② ke ケ　③ ka カ

④ ミルク（みるく）

⑤ コーヒー（こーひー）

3 다음 발음에 맞는 글자를 연결해 보세요.

① キ ー カ
② コ ー ク
③ カ ー ケ
④ ク ー キ
⑤ ケ ー コ

サ行　63p

1 カタカナ "サ行"의 글자를 찾아 ○표 해보세요.

㋛ク㋚オアクアエ㋝ルオテウ㋞エ
カイケウイタ㋛イク㋜ウコケチウ
エア㋜コソケカキコキイア㋚ラミ
キテ㋝カキオ㋝クケオチタハメフ

2 カタカナ를 써보세요.

① so ソ　② sa サ　③ se セ

④ シーソー（しーそー）

⑤ スカート（すかーと）

3 カタカナ와 같은 ひらがな를 고르세요.

① サ （㋙,　す）
② シ （㋖,　そ）
③ ス （㋜,　そ）
④ ソ （た,　㋞）

タ行　65p

1 カタカナ "タ行"의 글자를 찾아 ○표 해보세요.

㋟セキアエク㋡スイマ㋣ヘミ㋠コ
サシコ㋟サ㋠ケキウソコ㋠アセハ
ス㋡ケカ㋢エウ㋣カクオサイキシ
アセ㋢ソクオサイキ㋣ソエヒサリ

2 カタカナ를 써보세요.

① ta タ　② tsu ツ　③ to ト

④ チーズ（ちーず）

⑤ テスト（てすと）

3 カタカナ와 같은 ひらがな를 고르세요.

① タ （㋡,　ち）
② ツ （し,　㋡）
③ テ （と,　㋢）
④ チ （さ,　㋠）

ナ行　67p

1 カタカナ "ナ行"의 글자를 찾아 ○표 해보세요.

㋤タ㋦ニアカ㋤シハミエコチサア
シキクエセトスサシエラハメホチ
エ㋧オツサイケラチ㋨ウメ㋥テカ
㋨コ㋦㋥タアケキソコ㋦フシカサ

2 カタカナ를 써보세요.

① ne ネ　② nu ヌ　③ no ノ

④ ナイフ（ないふ）

⑤ テニス（てにす）

3 カタカナ와 같은 ひらがな를 고르세요.

① ナ （㋤,　ぬ）
② ヌ （に,　㋧）
③ ネ （㋥,　わ）
④ ノ （と,　㋨）

정리하고 한고비 넘기   68~69p

1 다음 발음에 맞는 글자를 연결해 보세요.

① ニ — オ
② ス — ニ
③ 오 — キ
④ 타 — タ
⑤ 키 — ス

2 빈칸에 들어갈 알맞은 カタカナ를 써 보세요.

ア行	ア	イ	ウ	エ	オ
カ行	カ	キ	ク	ケ	コ
サ行	サ	シ	ス	セ	ソ
タ行	タ	チ	ツ	テ	ト
ナ行	ナ	ニ	ヌ	ネ	ノ

3 발음에 맞는 것을 골라 ○표 해보세요.
- イルカ (**iruka**, eruka)
- エアコン (oakon, **eakoN**)
- サーカス (**sa-kasu**, za-kasu)
- オムレツ (komuretsu, **omuretsu**)
- コーヒー (o-hi-, **ko-hi-**)
- トマト (**tomato**, tomito)

4 그림을 보고 단어를 カタカナ로 써보세요.

① アイロン   ② キウイ
③ ミルク   ④ スカート
⑤ ソウル   ⑥ テスト

5 발음을 로마자로 써 보세요.
- ア (a)   ・ク (ku)
- シ (shi)   ・タ (ta)
- テ (te)   ・ス (su)
- ソ (so)   ・ノ (no)

6 タ行의 글자를 찾아 ○표 해보세요.

セアクネスイ**チ**サ**ト**カウセ**ト**ニヘ
ツツソ**タ**シ**ツ**キクネオニキ**タ**スハ
ナイケウニカエア**タチ**コサノ**テ**マ
カマホエカオナ**ツツ**ニシソメラネ

ハ行   71p

1 カタカナ "ハ行"의 글자를 찾아 ○표 해보세요.

ネエテ**フ**ソサウク**ヒ**クケ**ホ**サソト
ツ**ヘハ**コアナ**フ**タセシイオニ**ヘ**カ
イ**ハヒ**サセチヌキ**ホ**ノシクケキ
サソトスタカミチア**ハ**ナミネクサ

2 カタカナ를 써보세요.

① hu フ   ② ho ホ   ③ ha ハ
④ ヒーター
⑤ ヘア

3 カタカナ와 같은 ひらがな를 고르세요.
① ハ (は, ふ)
② フ (ほ, ふ)
③ ヒ (ひ, は)
④ ホ (ふ, ほ)

マ行   73p

1 カタカナ "マ行"의 글자를 찾아 ○표 해보세요.

モサアシハ**マ**ニスカタ**マメ**ヒエオ
ヘトキテナ**ミ**ノ**メ**ホ**ム**イウネセケ
コ**メ**ッチ**ム**クモソフ**ミ**ヒユツシホ
ナシエイネタキニチアノクオ**メ**ケ

2 カタカナ를 써보세요.

① ma マ   ② mu ム   ③ mi ミ
④ メロン
⑤ モニター

3 カタカナ와 같은 ひらがな를 고르세요.
① マ (あ, ま)
② ミ (し, み)
③ メ (ね, め)
④ モ (な, も)

ヤ行　75p

1 カタカナ "ヤ行"의 글자를 찾아 ○표 해보세요.

```
ユ ス ヒ コ メ サ ハ マ ヨ カ ナ ヤ ア ク イ
ヤ カ ケ チ ト キ タ ユ ヘ モ ソ メ ヨ フ テ
ネ ヨ エ オ ミ ノ ニ ユ シ ウ セ ツ ム ヤ ホ
モ カ ト ム ツ ア マ ヤ ウ ム ハ ヒ ミ セ モ
```

2 カタカナ를 써보세요.

① 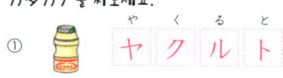 ヤクルト
② ユニホーム
③ クレヨン

3 カタカナ와 같은 ひらがな를 고르세요.

① ユ　(ゆ, こ)
② ヤ　(ま, や)
③ ヨ　(よ, お)

ラ行　77p

1 カタカナ "ラ行"의 글자를 찾아 ○표 해보세요.

```
ネ ハ ケ チ ヒ レ ナ ホ ネ タ ス ハ ア ツ ル
ラ ク ラ フ キ ル サ ロ ヘ ソ ウ リ コ イ ニ
テ サ ル セ エ メ ノ レ オ ト メ ト ク ミ ス
ミ カ ト ム ツ リ シ メ ナ メ ク ロ フ ホ モ
```

2 カタカナ를 써보세요.

① ri　リ　　② re　レ　　③ ro　ロ
④ 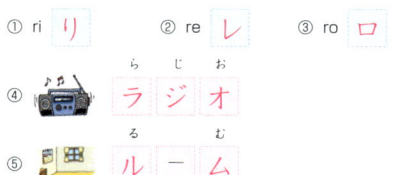 ラジオ
⑤ ルーム

3 カタカナ와 같은 ひらがな를 고르세요.

① ル　(は, る)
② ラ　(ら, ふ)
③ レ　(ね, れ)
④ ロ　(る, ろ)

ワ行　79p

1 カタカナ "ワ行"의 글자를 찾아 ○표 해보세요.

```
ク ア ミ ン ハ ト タ ワ ヤ ヲ ユ ス ヒ ト ニ
ヲ ム ワ テ ヲ シ ス キ マ ア ケ ハ シ メ メ
ナ チ ケ エ オ カ ヲ メ ノ ン ナ サ イ マ カ
ン ツ サ ン メ イ メ セ ワ ニ コ ヘ ヒ フ ウ
```

2 カタカナ를 써보세요.

①  ワイン
② パン

3 カタカナ와 같은 ひらがな를 고르세요.

① ワ　(う, わ)
② ヲ　(お, を)
③ ン　(ん, そ)

정리하고 한고비 넘기　80~81p

1 다음 발음에 맞는 글자를 연결해 보세요.

① 히 — ヒ
② 미 — ミ
③ 호 — ホ
④ 유 — ユ
⑤ 로 — ロ

2 ＿＿에 들어갈 알맞은 カタカナ를 써 보세요.

ハ行	ハ	ヒ	フ	ヘ	ホ
マ行	マ	ミ	ム	メ	モ
ヤ行	ヤ		ユ		ヨ
ラ行	ラ	リ	ル	レ	
ワ行	ワ				ヲ

3 발음에 맞는 것을 골라 ○표 해보세요.

- ホテル(roteru, hoteru)　・ヤクルト(yokuruto, yakuruto)
- フルーツ(huru-tsu, harutsu)　・クレヨン(kureyu, kureyon)
- モニター(manira-, monita-)　・ローズ(ra-zu, ro-zu)

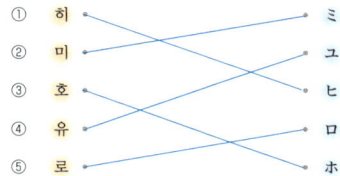

4 그림을 보고 단어를 カタカナ로 써보세요.

① ヒーター (ひーたー)
② マウス (まうす)
③ ユニホーム (ゆにほーむ)
④ メロン (めろん)
⑤ リボン (りぼん)
⑥ ワイン (わいん)

5 발음을 로마자로 써 보세요.

- ハ (ha)
- メ (me)
- ヤ (ya)
- レ (re)
- ロ (ro)
- ヲ (o, wo)
- モ (mo)
- ン (n)

6 ラ行 의 글자를 찾아 ○표 해보세요.

ネ ハ ケ チ ヒ レ ナ ホ ネ タ ス ハ ア ツ ル
ラ ク ラ フ キ ル サ ロ ヘ ソ ウ リ コ イ ニ
テ サ ス セ エ メ ノ レ オ ト メ ト ク ミ ス
ミ カ ト ム ツ リ シ メ ナ メ ク ロ フ ホ モ

반탁음 91p

1 カタカナ "パ行"의 글자를 찾아 ○표 해보세요.

ア ガ キ マ メ デ ザ コ エ ア ナ ニ タ オ チ
ゲ ラ バ ア ル ム チ マ サ ダ ミ セ グ ツ ミ
ド ゴ ジ イ ロ ア レ ベ リ ズ ア ツ サ テ
ミ ル ケ リ ト モ ウ デ ナ ガ ヒ ト リ ノ ル

2 カタカナ를 써보세요.

① ge ゲ   ② zo ゾ   ③ bo ボ
④ グラフ (ぐらふ)
⑤ ズボン (ずぼん)

3 단어에 알맞는 로마자를 써 보세요.

- ギター (gita-)
- ベル (beru)
- パン (pan)
- ゴルフ (goruhu)
- テレビ (terebi)
- ピアノ (piano)

요음 97p

1 カタカナ를 써 보세요.

① kya キャ   ② chyo チョ   ③ myu ミュ
④ myo ミョ   ⑤ gyo ギョ   ⑥ pyo ピョ

2 カタカナ에 해당하는 로마자를 쓰세요.

① キュ (kyu)   ② ニャ (nya)
③ チョ (chyo)   ④ ヒュ (hyu)
⑤ ビョ (byo)   ⑥ ピャ (pya)

촉음 99p

1 「ッ」발음이 같은 것을 연결해 주세요.

① ホッケー — エッセイ
② レッスン — キッチン
③ スリッパ — サッカー
④ チケット — ショッピング

2 읽는 법을 로마자로 써 보세요.

① サッカー (sa k ka-)
② チケット (chike t to)
③ スリッパ (suri p pa)
④ エッセイ (e s sei)

발음 101p

1 다음 단어 중 「ベンパル」의 ン발음과 같은 것을 찾아 ○해 보세요.

① サンプル   ② コンサート
③ ショッピング   ④ バイオリン
⑤ インキ   ⑥ ワイン

2 다음 밑줄 친 부분의 발음이 N 인 것을 찾아 ○해 보세요.

① モンキー   ② ペンシル
③ リボン   ④ コンピューター
⑤ トンネル   ⑥ フレンド

 써보기

행\단	あ행	か행	さ행	た행	な행	は행	ま행	や행	ら행	わ행	
あ단	a	ka	sa	ta	na	ha	ma	ya	ra	wa	n
い단	i	ki	shi	chi	ni	hi	mi		ri		
う단	u	ku	su	tsu	nu	hu	mu	yu	ru		
え단	e	ke	se	te	ne	he	me		re		
お단	o	ko	so	to	no	ho	mo	yo	ro	wo	

행\단	ア행	カ행	サ행	タ행	ナ행	ハ행	マ행	ヤ행	ラ행	ワ행	
ア단	a	ka	sa	ta	na	ha	ma	ya	ra	wa	n
イ단	i	ki	shi	chi	ni	hi	mi		ri		
ウ단	u	ku	su	tsu	nu	hu	mu	yu	ru		
エ단	e	ke	se	te	ne	he	me		re		
オ단	o	ko	so	to	no	ho	mo	yo	ro	wo	

 써보기

행 단	あ행	か행	さ행	た행	な행	は행	ま행	や행	ら행	わ행	
あ단	a	ka	sa	ta	na	ha	ma	ya	ra	wa	n
い단	i	ki	shi	chi	ni	hi	mi		ri		
う단	u	ku	su	tsu	nu	hu	mu	yu	ru		
え단	e	ke	se	te	ne	he	me		re		
お단	o	ko	so	to	no	ho	mo	yo	ro	wo	

행 단	ア행	カ행	サ행	タ행	ナ행	ハ행	マ행	ヤ행	ラ행	ワ행	
ア단	a	ka	sa	ta	na	ha	ma	ya	ra	wa	n
イ단	i	ki	shi	chi	ni	hi	mi		ri		
ウ단	u	ku	su	tsu	nu	hu	mu	yu	ru		
エ단	e	ke	se	te	ne	he	me		re		
オ단	o	ko	so	to	no	ho	mo	yo	ro	wo